어쩌다 마흔,
이제부턴
체력 싸움이다!

어쩌다 마흔, 이제부턴 체력 싸움이다!

몸과 마음의 격동기를
지나고 있는
나를 위한 체력상담소

서정아 지음

갈매나무

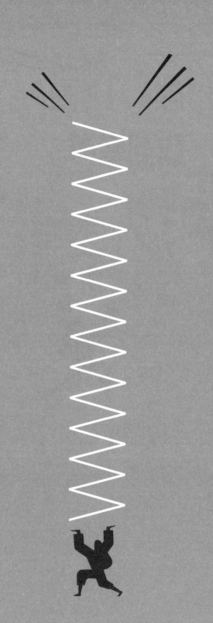

여자의 체력은 40대에 모두 결정된다

20대에 막연히 상상한 마흔 살의 내 모습은 멋있었다. 나만의 견고한 철학을 구축해 어떤 위기에도 쉽게 흔들리지 않았고, 자신감과 포용력, 활력으로 삶은 가득 차 있었다.

안타깝게도 현실은 기대와 너무 달랐다. 어영부영 살다 보니 어느새 마흔 살이었고 '늙는다'는 자각이 불안과 함께 찾아왔다. 설상가상으로 마흔에 첫 딸을 낳은 후 쉼 없이 이어진 육아와 일로 인해 몸이 아프고 우울감이 찾아왔다. 한마디로 번아웃 상태였다.(돌아가신 우리 할머니께서 들으시면 "야야! 더 살아보고 말해라!"라고 코웃음 치셨을 것 같다. 그런데 어쩌나, 우리는 모두 각자의 그릇만큼 아픔 보따리를 지고 끙끙대며 살아가는걸!)

그대로 있을 순 없어 체력을 길러야겠다 생각했다. 물론 모두가 겪었겠지만, 체력은 하루아침에 길러지는 게 아니다. 조금만 경사진 곳을 걸어도 숨이 차서, 내가 할 수 있는 운동이란 하루 2킬로를 걷는 정도였다. 그런데 신기하게도 이 작은 습관 하나가 생기니 식사와 수면 습관도 긍정적으로 바뀌기 시작했다. 신체 능력이 조금씩 올라가는 게 느껴졌다.

우리 몸과 마음은 연리지 나무와 같아서 유기적으로 긴밀하게 연결돼 서로 영향을 주고받으며 삶의 에너지를 결정짓는다. 몸을 움직이고 머리가 맑아지자 나는 내면을 깊이 들여다볼 수 있었다. 현재의 아픔과 어린 시절의 트라우마까지, 심리학을 공부하면서 내면의 불안을 정면에서 마주했고, 괴로웠던 기억이 내 잘못으로 일어난 게 아니라는 걸 깨닫자 점차 일상에 감사하는 마음이 자리 잡기 시작했다. 힘을 내서 마흔 이후의 삶을 더욱 멋지게 살아낼 에너지, 진정한 의미의 체력을 기를 수 있었다.

마흔은 어떤 나이인가? 35세부터 50세 사이 여성은 언제고 몸과 마음, 관계에 큰 격동기를 맞기 마련이다. 마흔은 그 한가운데 있다. 임신과 출산, 산후우울증과 육아, 결혼생활 등에서 오는 여러 애로사항이 이때 몰아닥친다고 해도 과언이 아니다. 비혼주의자라고 하더라도 몸을 지탱하는 호르몬 수치가 변하고 척추와 관절의 퇴행성 변화로 몸 곳곳에 통증이 생긴다. 얼굴에 주름이 생기고 엉덩이도 탄력을 잃는다.

가장 큰 변화는 마음에서 일어난다. 한 빅데이터 연구는 전 세계적으로 행복 지수가 청년기 말부터 하강하기 시작해 40대에 최저점을 찍고 50세 이후 반등한다는 결과를 보여줬다. 많은 사람이 '반등하는 50세'에 주목했지만 나는 '40대 최저점'에 더 눈길이 갔다. 경제력과 커리어, 건강과 상관없이 인간이라면 대부분 마흔 즈음 불안과 우울을 경험한다는 증거인 셈인데, 내가 그랬듯 삶은 곧 고통이라는 것을 자각하는 시기가 이때이기 때문인 것 같다.

마흔에 우리는 행복할 수 없는 걸까? 중국의 심리학자 황시투안은 두려움과 불안의 차이를 다음과 같이 정의한다. 두려움은 현재 발생하는 위협에 대한 자연스러운 반응이다. 위협이 사라질 때 자연히 사라지며, 우리 삶을 짓누르는 게 아니라 오히려 생존을 보장하는 감정이다. 따라서 받아들이고 감사할 줄 알아야 한다. 반면 불안은 미래에 생길 위협적인 일을 예측하는 감정이다. 아직 오지 않은 미래, 앞으로 생길지도 모를 어떤 일에 대해 스스로 만들어낸 두려움인 것이다. 즉 찾아오지 않은 허상에 대한 부정적인 감정이다.

나는 이렇게 말하고 싶다. 변하는 몸과 마음에 대한 불안이 찾아왔다면 우선 오늘의 체력을 기르자. 현재에 할 수 있는 일을 찾아보자. 현재에 힘을 쏟다 보면 뇌의 상상에 불과한 걱정이 그치고, 미래에 대한 희망이 새록새록 일어난다. 하루 2킬로 걷기처럼 작지만 의미 있는 습관 하나로 삶이 바뀔 수 있다.

이 책은 어떻게 현재의 자신을 있는 그대로 사랑하고, 삶을 재해석해 성장할 용기를 갖게 되었는지, 그 같은 체력을 어떻게 키웠는지에 대한 노력의 기록들이다. 체력을 기르며 삶이 변한 나와 내 환자들의 경험이 오늘 용기를 내고 싶은 누군가에게 작게나마 힘이 되길 간절히 소망하고 응원한다.

Take
1

어느 날 갑자기
무기력이
찾아왔다면

이제 몸과 마음의
'회복탄력성'을 점검할 때

"젖은 솜뭉치처럼
몸이 무거워요."

"정말 피곤해요. 아무리 자도 개운하지 않고 아침에 일어나기도 힘들어요. 주변에서 혹시 건강에 문제가 생긴 거 아니냐고 피검사라도 해보라고 해서요."

38세 종희 씨는 '일하는 엄마'다. 5세와 6세 연년생 아이들을 키우면서 직장 생활까지 하고 있어서 늘 바쁘다. 같은 아파트에 살아 간혹 마주칠 때가 있는데 씩씩하고 활동적이어서 역시 젊은 엄마는 다르다고 생각했다. 그랬던 그녀가 병원을 찾아왔다.

종희 씨는 언제부턴가 아무리 휴식을 취해도 피곤이 가시질 않는다고 말했다. 몸에 이상이 생긴 건 아닌지 갑상선호르몬과 간 기능 검사, 신장 검사 같은 기본적인 신체검사를 시행해봤지만 뚜렷한 원인을 찾을 수가 없었다. 그러던 중 상담을 통해 종희 씨가 남편과 이혼하고 친정엄마의 도움을 받아 아이들을 키우고 있다는 사실을 알았다. 같은 일하는 엄마로서 그녀가 얼마나 힘들지 상상이 가서 안쓰러웠다.

"업무에 시달리다 집에 들어가도 쉴 엄두를 못 내요. 아이들 돌보느라 힘드셨을 엄마를 생각하면 제가 아이들을 받아 돌봐야 하거든요."

"연년생 아이들과 함께 놀아주고 먹이고 씻기는 게 보통 일이 아닌데……. 체력적으로 벅차시겠어요."

"몇 년 전까지만 해도 아직 젊다고 생각하면서 힘들어도 이 악물고 버텼는데, 이제는 이곳저곳이 아프니 다 그만두고 드러눕고 싶다는 생각도 가끔 해요. 물론 애들을 보고 다시 힘을 내지만 요즘 그 힘내는 것조차 힘드네요."

타액 검사상 부신 기능이 조금 떨어진 것 외에 특별히 신체에서 병이 발견되지는 않았다. 종희 씨의 상태는 번아웃증후군이었다. 그녀가 걱정돼 잠시 쉴 것을 권유하였으나 현실적으로 경제적 지원이 없는 상태에서 일을 그만둘 수는 없었다. 어쩔 수 없이 할 일을 최소한으로 남겨 간소화하고 미혼 여동생의 도움을 받아 매일 1시간 걷기를 해보라 권유했다.

"걷기라고요?"

어렵게 시간을 내서 찾아왔더니 기껏 한다는 이야기가 걷기라니 그게 전부냐, 하는 표정으로 종희 씨가 날 쳐다봤다.

"네, 걷기요. 만성피로는 육체 자체보다 정신에서 오는 경우가 많거든요."

정신적 피로감은 대부분 잡념에서 시작된다. 교감신경이 스트레스 상황을 대비하는 자율신경이라면, 부교감신경은 보호와 회복 기능을 담당하는 자율신경이다. 건강한 상태라면 우리 자율신경은 평균 낮 동안 교감신경을 60퍼센트, 부교감신경을 40퍼센트 비율로 쓴다. 그런데 직장인, 특히 직장에 다니는 엄마의 경우 교감신경이 90퍼센트, 부교감신경이 10퍼센트로 작동해 교감신경이 너무 과도하게 일한다. 집에 와서 쉴 수 있으면 좋을 텐데 종희 씨는 그러지 못해 스트레스가 차곡차곡 쌓였고, 결국 탈이 난 거다. 과부하 신호가 울리는 공장을 24시간 계속 가동할 순 없으니 말이다.

나는 종희 씨에게 '매일 1시간 홀로 걷기'를 처방했다. 부담스럽다면 30분부터 조금씩 늘려가도 좋다고 말했다. 오롯이 걷는 행동에 집중하다 보면 자신도 모르게 잡념이 사라지고 정신이 맑아지는 경험을 할 수 있을 것이다. 그리고 좀 더 체계적으로 실천하길 희망하며 '걷기 습관 실천 노트'도 써오시라 요청했다. 걷는 목적, 걷는 시간, 걷는 장소, 목표 거리, 나중에 꼭 걸어보고 싶은 길 등을 매일 적는 것이다.

얼핏 보면 사소한 증상부터 시작된다

내가 번아웃에 빠졌을 당시 걷기의 효과에 대한 뇌 과학 연구는 몰랐지만, 나는 삶으로 직접 그 효능을 실감하고 있었다.

내 일생 중 가장 스트레스 지수가 높았던 때는 인턴 시절이었다. 본래 낙천적이고 경쟁하기를 싫어하는 편이라 과도한 업무나 스트레스 상황을 피하는 경향이 있었다. 그래서 학교 다닐 때도 밤새 몰아서 공부하기보다 평소에 시험을 준비해 큰 스트레스를 받지 않으려 했는데 인턴 근무가 시작되자 상황이 달라졌다.

미리 하고 싶다고 미리 할 수 있거나, 피한다고 해서 피할 수 있는 업무가 아니었다. 주어진 시간 안에 무슨 일이 있어도 할당 업무를 해내지 않으면 안 되는 상황이 쉼 없이 이어졌다. 하루 4시간 정도밖에 못 자는 데다 거북이 스타일인 내가 토끼처럼 항상 빠릿빠릿 움직여야 하는 게 너무 힘들었다. 초반에는 젊은 체력이라 어느 정도 견딜 수 있었는데 한 달 두 달 시간이 갈수록 스트레스가 쌓였다. 힘이 없고 작은 일에도 예민하게 반응하면서 우울한 기분이 드는 날이 반복됐다. 지금 돌이켜 보면 번아웃 상태였던 것 같다. 당시 나를 그나마 지탱해준 것은 한 번씩 휴일이 생길 때마다 산을 실컷 걷다가 오는 일이었다. 그러고 나면 조금 숨통이 트여 다시 꾸역꾸역 일할 수 있었다.

번 아웃burn out 이란 '불타 없어진다'라는 뜻이다. 이 단어를 사용해 만든 '번아웃증후군'은 의욕적으로 일에 몰두하던 사람이 극도로 신체적·정신적 피로감을 호소하며 무기력해지는 증상을 말한다. 신경정신과 전문의에 따르면 번아웃 초기 증상은 아침에 일어나기 싫거나, 자고 일어나도 피로를 느끼거나, 평소보다 무뚝뚝해지거나, 지각을 자주 하는 것처럼 얼핏 보면 사소해 보이는 증상으로 시작된다고 한다. 이런 증상을 '언젠가 지나가겠지' 하고 방치하면 심각한 무기력증, 우울증, 공황장애로 이어질 수 있으니 초반에 알아차려 치료하는 게 매우 중요하다.

번아웃이 오면 따라오는 것

마흔이 가까워지면, 할 일은 갈수록 많은데 몸은 부쩍 예전같지 않음을 느끼곤 한다. 번아웃이 오면 만성피로가 1+1처럼 따라오기 때문인데, 번아웃은 특별히 육체적으로 고갈되지 않아도 정신적인 혹사로 인해 발생할 수도 있다. 뇌는 몸무게의 2퍼센트에 불과하지만 전체 에너지 소비의 20퍼센트를 차지한다. 잠을 자도 온전히 쉴 수 없고 24시간 편의점처럼 운영되는 곳이 뇌다. 이 작은 기관이 얼마나 피곤할지 상상해보라. 한국에서도 10만 명 이상이 만성피로에 시달리고 있다. 이를 해결하려 몸에 좋은 음식을 먹고 충분히 쉬어도 대부분은 피로감에서 쉽게 벗어나지 못한다. 특히 직장인은 일시적으로 피로감에서 벗어나려 커피나 피로회복제를 달고 사는데, 결과적으로 문제를 더욱 악화시킬 뿐이다.

다시 종희 씨 이야기로 돌아가보자. 한 달 뒤 노트를 보여주려 진료실을 찾은 종희 씨의 표정은 한결 밝아 보였다. 매일 걷기를 실천할 순 없었지만, 동생의 도움으로 일주일에 네 번 정도 뒷산을 산책하듯 걸었다고 했다. 처음엔 반신반의하며 시작했는데 하루 이틀 지날수록 마음이 차분해지더니 어느 순간부터 아침에 일어나는 게 훨씬 가뿐해지고 아이들 돌보는 일이 부담으로 느껴지지 않았다고 했다.

나는 번아웃 상태일까?

　　아이러니하게도 많은 사람이 스스로 번아웃 상태인지를 잘 모른다. 특히 열심히 살아가려는 사람들은 한계를 벗어나 부신이 너덜너덜한데도 의지력으로 극복(?)하며 자기를 극한으로 몰아부치곤 해 안타깝다. 이 기회에 자가 진단을 해보고 자신에게 쉼을 선물해보는 건 어떨까. 타이어의 작은 구멍을 고치지 않고 계속 나아가다간 차 자체가 망가질 수 있다.

　항목별 점수가 모두 높은 상태로 나온다면 번아웃증후군을 의심할 수 있다. 번아웃증후군과 우울증은 비슷한 증상을 보여, 조기에 치료하지 않으면 만성우울증으로 발전할 수 있으니 세 항목 다 점수가 높다면 반드시 전문가와 상의해보길 바란다.

　다음은 미국 사회심리학자 크리스티나 마슬라흐의 소진 척도 Maslach Burnout Inventory-General survey 다. 아래 문항을 보고 점수를 매겨 합산해보자.

점수 매기는 법

전혀 없음	1년에 몇 번	1달에 한 번 정도	1달에 몇 번	1주일에 한 번 정도	1주일에 몇 번	거의 매일
0점	1점	2점	3점	4점	5점	6점

테스트 항목 A

감정적으로 많이 지치고 힘들다.	점
일하는 데 큰 노력이 필요한 느낌이 든다.	점
일이 나를 무너뜨리는 것 같다.	점
좌절감이 든다.	점
너무 열심히 일한다는 생각이 든다.	점
업무적 대인 관계에 스트레스가 심하다.	점
벼랑 끝에 있는 위태로운 느낌이 든다.	점

나의 합산 점수:

테스트 항목 B

고객 혹은 업무적 관계에서 사무적으로 대하게 된다.	점
아침에 일어날 때 피로감이 심하다.	점
지나친 책임감을 느낀다.	점
인내심의 한계에 다다름을 느낀다.	점
다른 사람에 대해 무관심해진다.	점
일하는 동안 사람에게 둔감해진다.	점
일이 나를 지치게 하는 것 같아 두려움을 느낀다.	점

나의 합산 점수:

테스트 항목 C

보람과 성취감을 느낀다.	점
활력이 넘침을 느낀다.	점
다른 사람의 요구를 쉽게 파악한다.	점
관계에서 문제를 효과적으로 해결한다.	점
감정적인 문제를 차분히 잘 처리한다.	점
일을 통해 사람들에게 긍정적인 영향을 준다.	점
다른 사람과 편안한 분위기를 쉽게 만든다.	점
다른 사람과 가까워졌을 때 기분이 좋다.	점

나의 합산 점수:

테스트 결과 항목 A

0~17점	18~29점	30점 이상
번아웃 상태 낮음	번아웃 상태 보통	번아웃 상태 높음

테스트 결과 항목 B

0~5점	6~11점	12점 이상
번아웃 상태 낮음	번아웃 상태 보통	번아웃 상태 높음

테스트 결과 항목 C

0~33점	34~39점	40점 이상
번아웃 상태 높음	번아웃 상태 중간	번아웃 상태 낮음

몸이 아픈 걸까,
마음이 아픈 걸까?

"이유 없이 배가 너무 아파요. 혹시 큰 병은 아닐까요?"

37세 교사 유미 씨는 누가 봐도 남부러울 게 없어 보인다. 외모도 출중하고 영어 교사라는 안정된 직업을 가지고 있다. 성격도 차분하다. 하지만 두통과 소화불량, 어지러움, 심장 두근거림, 불안감 등의 증상이 수시로 있어 자주 병원을 찾는다. 이상한 것은 분명히 증상이 있는데 이렇다 할 병명이 발견되지 않는 것이다. 그러하다 보니 건강에 대한 걱정만 점점 더 심해졌다.

유미 씨처럼 아무런 내과적 이상 없이 다양한 신체 증상을 반복해서 호소하는 질환을 신체화장애라고 부른다. 이 병은 타인의 사랑과 관심, 동정심을 유발하기 위해 상황을 과장하고 부풀려서 이야기하는 뮌하우젠 증후군과는 다르다. 신체화장애 환자들은 꾀병을 부리는 것이 아니라 실제로 증상을 느끼며, 그로 인해 내과적 치료나 수술을 하는 예도 있다. 중년 이후의 여성에게 흔하게 나타나는 화병 역시 이 범주에 속한다. 드라마를 보면 심한 스트레스를 받은 어머니들이 머리에 끈을 하나 동여매고 드러누워 있는 장면이 심심찮게 나오는데 이게 마냥 꾀병은 아니라는 것이다.

몇 년 전 레바논에서 국경없는의사회 활동가로 일하던 시절 나의 주된 임무 중에는 현지인 의사가 좀 더 원활하게 진료할 수 있도록 돕는 교육 활동도 포함되어 있었다. 활동가가 없는 상황이 와도 의료의 연속성을 보장하기 위해서였다. 그래서 매일 시골 마을 구석구석의 작은 무료 진료실을 돌아가면서 방문해 현지 의사와 함께 환자를 진찰하고 처방을 내리는 일을 도왔는데, 덕분에 소아부터 성인까지 다양한 시리아 난민 환자를 만날 기회가 있었다. 내전으로 인하여 갑자기 직장과 집을 잃고 남의 나라에서 더부살이하듯 살아가는 것도 모자라 아프기까지 한 난민의 사정은 굳이 자세히 설명하지 않아도 짐작이 갈 것이다. 특히 자신을 보호하기 힘든 여자들과 아이들이 고통받는 것을 볼 때마다 마음이 아팠다. 그중에서도 할머니가 어린 손녀를 데리고 찾아온 날은 아직도 눈에 선하다.

"선생님, 아이가 여덟 살이 되었는데 아직도 밤에 자다가 오줌을 싸요."

할머니의 얘기에 부끄러웠는지 작은 꼬마는 고개를 푹 숙이고 있었다. 사정을 들어보니 소녀의 부모는 시리아에서 탈출하다 죽고 겨우 할머니와 어린 손주 둘만 함께 레바논으로 건너와 난민캠프의 지원을 받아 살고 있다고 했다. 검사상 특별히 신체상의 문제는 아니라는 판단으로 국경없는의사회 소속 심리상담사인 카린에게 케이스를 의뢰했다. 카린은 말했다.

"난민 어린이들에게 야뇨증은 드문 증상이 아니야. 너무 어린 나이에 감당하기 힘든 스트레스를 받은 게 소변 실수로 이어지는 거지. 일종의 외상후 스트레스장애와 관계 있을 거라고 추정하고 있어."

마음과 몸은 하나다

신체화장애와 야뇨증은 같은 증상이 아니지만 제대로 해결하지 못한 마음의 스트레스와 불안이 원인이라는 점에서는 어느 정도 공통점을 갖고 있다. 그렇다면 어떻게 불편한 마음이 몸의 증상으로 나타난 걸까? 어떤 감정은 몸의 특정 기관이나 시스템에 영향을 미친다. 인간관계에 무력감을 느끼거나 감정을 충분히 표출하지 못하면 유방암 발병률이 올라간다. 적개심을 해결하지 못하고 쌓아둘 때는 심장발작으로 사망할 확률이 높아진다. 사회적 고립, 외로움, 상실감 등은 면역체계를 약화해 감염질환이나 자가면역질환에 걸릴 가능성을 높인다. 즉 우리가 어떤 생각을 하고 어떤 감정을 느끼는지가 호르몬과 세포에 영향을 미치고 궁극적으로 건강에 치명적인 결과를 초래한다는 말이다.

더 자세히 이해하기 위해 '자율신경계의 불균형'이라는 개념을 알아둘 필요가 있다. 자율신경계는 생각과 감정을 몸 전체에 전달하는 기능을 한다. 크게 교감신경계와 부교감신경계로 나뉘는데 눈, 눈물관, 침샘, 혈관, 땀샘, 심장, 후두, 기도, 기관지, 폐, 위, 부신, 신장, 췌장, 간, 소장, 대장, 방광, 외부생식기 등 신체 모든 기관의 신경을 통제한다. 우리 몸을 차에 비유한다면 부교감신경계는 '브레이크'이고 교감신경계는 '엑셀'이다.

어제 밤새도록 술 먹고 새벽에 들어온 남편과 대판 싸우는 중이라고 상상해보자. 동공이 확장되고 심장이 빨라진다. 전쟁을 치르기 위해서는 빨리 도망갈 수 있어야 하므로 장에 있던 피가 근육, 폐, 심장, 뇌로 보내진다. 이런 상황에선 소화도 잘 되지 않고 화장실도 가고 싶지 않다. 이때 작용하는 것이 교감신경계다. 반면 평소 꿈에 그리던 휴양지의 풀빌라 침대에 누워 칵테일을 마시며 책을 읽는 상상을 해보자. 긴장이 완화되고 신체의 각 장기가 휴식을 취한다. 이런 상황에선 심장 박동도 정상으로 회복되고 소화도 배변 활동도 활발해진다. 이때 작용하는 게 부교감신경계인데 주로 수면 중 신체 에너지를 회복할 때 작동한다.

눈치를 챘겠지만 두 신경계는 우리가 어떤 생각과 감정을 느끼는지에 따라 활성도가 달라진다. 더 흥미로운 사실은 모든 인간은 태어나면서부터 이 두 신경계 사이의 균형이 각각 다르다는 것이다. 같은 요인에 대해서도 사람마다 스트레스를 받는 정도가 다르다는 말이다. 과거 해결되지 않은 트라우마, 가족 환경, 식생활, 직업, 행동 유형도 이 시스템에 영향을 끼친다.

교감 및 부교감 신경계 한쪽이 지나치게 우세한 것은 건강에 좋지 않다. 중요한 것은 둘 사이의 균형이다. 적당한 스트레스에 의해 도전받고, 또 쉬면서 그 스트레스를 회복하는 게 가장 건강한 상태라는 것이다. 하지만 현대사회는 교감신경계를 너무 피곤하게 한다.

과학적으로 증명된 특효약

교감신경계는 스트레스를 받을 때마다 뇌와 부신에서 생성되는 아드레날린을 통해 신체 각 기관에 명령을 내리는데 이때 또 다른 부신호르몬인 코르티솔 수치도 함께 상승한다. 코르티솔은 단기적으로는 면역계를 활성화해 몸을 지켜주지만, 스트레스 상태가 계속되면 면역계가 고갈되고 더는 코르티솔을 만들어내지 못한다. 소화불량, 영양 흡수 능력 저하, 면역 기능 저하를 초래해 감염질환, 자가면역성질환, 암질환에 걸릴 확률이 올라가고 지방산 대사 기능을 저하해 비만이 된다. 코르티솔에 오랜 기간 노출된 상태로 인해 피부가 얇아지고, 뼈가 약해지며, 근육 관련 조직이 파괴되기도 한다. 또 인슐린 대사도 영향을 받아 부종, 팔다리 멍, 우울증에 걸리기 쉬운 체질이 된다. 교감신경계의 지나친 활성도는 프로게스테론 생성을 감소시켜 호르몬 불균형에도 영향을 끼치는데, 극심한 스트레스를 받는 여성들은 생리불순이나 생식기 관련 질환이 생기기도 한다.

마음과 몸은 우리가 알고 있는 것보다 훨씬 긴밀하게 연결돼 있다. 즉 이는 마음 근육을 단련하면 여러 병을 예방하고 건강을 증진할 수 있다는 이야기이기도 하다. 트라우마나 불안으로 인한 스트레스 때문에 교감신경계가 과도하게 활성화됐다면 명상이 약이 될 수도 있다. 구태여 명상원을 찾을 필요는 없다. 하루 단 5분만이라도 조용한 곳에 앉아 눈을 감고 허리를 펴고 조용히 자신의 호흡을 관찰하고 집중하는 것만으로도 뇌를 쉬어주는 데 탁월한 효과가 있다. 마음이 불안하고 이유 없이 몸 이곳저곳이 아프다면 매일 조금씩 시간을 늘려 명상해보길 추천한다.

:   하루 6분 힐링 코드로
        스트레스를 치유하기

《힐링 코드》(시공사)에서 알렉산더 로이드와 벤 존슨
이 소개한 방법을 하루 한 번씩 해보자. 힐링 코드란 간단한 동작
과 함께하는 명상법인데, 아침을 기분 좋게 시작하는 데 도움이
된다. 물론 꼭 아침에 할 필요는 없다. 저녁 명상은 일과 동안의 긴
장과 불안을 해소해 수면에 도움이 된다. 일과 중에도 가능하다.

사실《힐링 코드》에 소개된 명상법은 훨씬 복잡하지만, 여기서
는 책에서 소개된 네 동작을 돌아가며 30초씩 해보는 훨씬 단순
한 나만의 방법을 소개한다. 아래 그림에서 가리키는 콧대, 후골,
턱, 관자놀이 각각의 부위들이 우리 인체 내 대표 통제센터와 상
호작용하며 스트레스를 제거하고, 신경면역체계를 활성화하는 부
위, 즉 치유센터라고 한다. 명상법은 다음과 같다.

1. 손가락에 힘을 빼 몸에서 5~7.6㎝ 떨어진 지점에 놓는다.
2. 손가락 하나하나가 각 부위에 빛을 비추는 조명인 것처럼
   손가락 끝을 치유센터로 향하게 한다.
3. 30초씩 돌아가며 집중해 6분 가량 명상을 한다.

① 콧대와 양 눈썹 중앙이 맞닿는 곳

② 후골 바로 위

③ 양 턱뼈의 뒤쪽 아래

④ 양쪽 관자놀이에서 1.3cm 위에서
머리 뒤쪽으로 1.3cm 물러난 곳

마음속 울고 있는 아이를 안아주세요

퇴근 후 무료함도 달래고 그동안 관심 있었던 심리학 공부를 좀 더 체계적으로 하고 싶어서 사이버대학교 임상심리학 석사 과정을 시작했다. 그런데 사실 심리학에 관심이 생긴 진짜 이유는 '나는 왜 자존감이 낮은가?'에 대한 근원적인 질문을 해결하기 위해서였다.

나는 전형적인 모범생의 삶을 살았다. 초등학교 전교 어린이회장을 거쳐 중학교 때는 동네 쓰레기를 다 줍고 다닐 정도로 바르고 성실하게 생활해 중학교 3학년 때는 담임선생님이 사비로 장학금을 주실 정도였다. 사춘기 열병도 속으로 끙끙거리며 넘어갔고, 과외 없이 성적도 상위권을 유지했다. 하지만 모든 것은 다 겉보기에 불과했다.

중학교 3학년 때 별로 친하지도 않은 반 친구가 새로 산 교복을 한 번 입어보자고 부탁했는데, 그 아이는 학기가 끝날 때까지 옷을 돌려주지 않았다. 남에게 싫은 소리 하기를 무척 힘들어했던 나는 아무 말도 못 하고 친구의 낡은 교복을 졸업할 때까지 입고 다녔다. 왠지 수치스러워 아무에게도 내색하진 않았지만, 당당하고 자신감 넘치는 아이들을 보면 늘 궁금했다. 저 아이들의 이마를 빛나게 하는 '자존감'은 어디에서 오는 걸까? 나는 왜 뭔가 노력하지 않으면 사랑받을 가치가 없다고 느껴질까?

겪어본 사람은 안다. 낮은 자존감은 영혼을 병들게 하고 비합리적인 선택을 하게 만들며 관계를 망친다. 그리고 결코 진심으로 행복할수 없다. 특히 자의식이 싹트기 시작하는 사춘기 시절을 지나고 있다면 더욱 그렇다. 그래서 누군가가 나에게 인생에서 가장 재미없고 힘들었던 시기를 꼽으라고 한다면 중고등학교 때가 단연코 1등이다.

하지만 이유도 모른 채 불행하게 살고 싶지 않았다. 방법도 모르고 서툴지만, 사춘기 시절부터 끊임없이 자존감의 원천을 탐구했다. 고등학교 때는 바쁜 와중에도 매일 기도하며 성당 미사에 참여했고 대학에 가선 닥치는 대로 여행을 가고 책을 읽었다. 의대에 가고 어릴때 꿈에 가까워지며 자존감이 조금 회복되어 가나 싶었는데, 이혼이라는 구덩이에 빠지며 원점으로 돌아갔다. 전문의를 따고 시간 여유가 생긴 후 심리학 공부를 시작한 것도 그 때문이었다. 그리고 마침내 어린 시절 트라우마와 대면하게 됐다.

내 잘못이 아니었다

사실 나에게는 잊어버리고 싶은 기억이 한 가지 있었다. 이 비밀은 수십 년을 거슬러 올라가 여섯 살 때쯤이었던 것 같다. 두 살 어린 동생과 함께 어두운 골목을 걸어가는데 어떤 낯선 아저씨가 다가왔다. 너무 어렸고 그때는 지금처럼 아동성범죄에 대한 경각심도 크지 않을 때라 경계심이 없었다. 아저씨는 나를 좀 더 으슥한 골목으로 데리고 가 성추행을 했고 동생은 옆에서 울 뿐이었다. 부모님께 말씀드렸지만, 어린아이라 아무것도 모를 것으로 생각하셨는지 그냥 달래주기만 하셨다. 결국 나 역시 아무 일도 없었던 것처럼 생활했다.

하지만 기억은 잠재의식 속에 숨어 있었을 뿐, 사춘기가 되자 다시 나를 찾아와 괴롭혔다. 자신이 순결하지 못하게 느껴졌고(제대로 된 성지식이 없었기 때문에 더욱 그랬다) 수치심은 자존감을 조금씩 갉아 먹었다. 낮은 자존감은 남들의 시선과 생각에 계속 연연하게 만든다. 타인의 기대치에 맞추려다 자신이 바라는 것은 놓치게 한다. 나도 그랬다. 이유도 명확히 알지 못한 채 늘 내게 뭔가 부족하다 느끼며 사랑받기 위해선 열심히 노력하지 않으면 안 된다고 생각했다. 모범생이 되려고 노력했지만 마음 한편에는 외로움과 공허함이 있었다.

심리학을 공부하며 내 슬픔이 낮은 자존감에서 비롯됐으며 이것은 수치심에서 싹텄다는 것을 깨달았다. 함께 심리학을 공부하던 소수의 사람이었지만 부모님에게조차 제대로 꺼내지 않았던 비밀을 드러낸 순간부터 변화가 시작됐다. 죽는 순간까지 아무에게도 말하지 않겠다고 결심한 내 눅눅하고 축축한 비밀이 다른 사람의 진심 어린 공감을 받았고, 사실은 내 잘못이 아닐뿐더러 부끄러워하지 않아도 되는 일이라는 걸 알았다. 용기를 얻은 내가 좀 더 솔직하게 상처받았다는 사실을 인정하자 어느 순간부터 그 일은 내 자존감을 갉아먹지 못하게 됐다.

《당신에게 무슨 일이 있었나요》에서 브루스 페리 박사는 어린아이에게 성폭행 같은 큰 트라우마가 생기면 아이가 그것을 인지하는 것과 관계없이 뇌에 트라우마와 관련 있는 연산들이 저장되어, 아이가 사회적 경험을 올바르게 해석하는 것을 방해하는 일종의 잘못된 암호 체계가 만들어진다고 한다. 아마 어린 시절 나의 뇌에도 이런 잘못된 암호 체계가 생겨 나로 하여금 세상과 나 자신을 왜곡해 인지하도록 만든 것 같다.

돌이켜 보면 당시 누군가에게서 "그건 네 잘못이 아니야"라는 말을 듣고 싶었던 것 같다. 그래서 중학교 3학년 때 즈음 큰 용기를 내서 알고 지내던 수녀님께 그 일을 터놓고 이야기한 적이 있다. 하지만 수녀님 역시 너무 당황해서 별다른 조언 없이 얼버무리신 것으로 기억한다. 나는 '이 이야기는 절대 아무에게도 하지 못할 수치스러운 이야

마음속 혼자 울고 있는
꼬마를 안아주세요.

기구나!' 하는 확신을 가지고 그냥 잊어버리려 애썼다. 또 사실 대학생이 되고 상당 부분이 기억에서 지워졌었다. 심리학을 공부하며 누군가로부터 "많이 힘들었겠군요. 그때 일은 당신의 잘못이 아니라 어른들의 잘못입니다"라는 위로를 듣기 전까지 말이다.

신기하게도 그 순간부터 차츰차츰 나의 꼬마는 우는 횟수가 줄어들더니 이제는 그 순간을 떠올려도 아무렇지도 않게 되었다. 덮어 둘 때는 곪아가던 상처가, 열어서 고름을 짜고 약을 바르고 기다렸더니 그저 희미한 흔적이 된 것이다. 아무것도 덮어두지 않고 '온 마음'으로 살아가고 싶다면 반드시 마음속 울고 있는 아이를 안아주는 것부터 시작하길 바란다.

습관 처방

어릴 때 트라우마 들여다보기

트라우마는 무의식 속에 숨어 어떤 식으로든 세상을 바라보는 방식에 영향을 준다. 자존감을 깎거나 잃어버리지 않고 왜곡되지 않은 투명한 눈으로 세상을 보고 싶다면, 반드시 트라우마를 정면에서 마주 보는 과정이 필요하다.

나는 불완전한 나를 사랑한다

"선배, 잘 지내요? 형도 잘 지내죠?"

4년 동안 캠퍼스 커플로 사귄 남자친구와 졸업하자마자 결혼을 했다. 그는 오지에서 공보의 생활을 시작했고 나는 하루에 4시간 자기도 빠듯한 인턴 생활을 시작하는 바람에 결혼 생활 2년을 거의 떨어져 지내야 했다. 그렇게 서로 바빴던 중에 혼인신고도 하지 못하고 헤어진 것이어서 우리가 이혼했다는 사실을 아는 사람은 거의 아무도 없었다.

모교에서 전문의 수련을 받았기 때문에 동기들은 시시때때로 그의 안부를 물어왔고 그때마다 대충 얼버무리며 거짓말하는 게 너무 싫었다. 그렇다고 "응, 우리…… 그렇게 됐어"라고 매일 마주치는 사람들에게 사실을 설명하고 당당히 맞설 마음의 힘도 남아 있지 않았다. 하

지만 숨기면 숨길수록 자존감의 키는 낮아졌다. 나 자신이 자랑스럽
지 않았고 내 존재가 부정당하는 것 같았다. 수치심 때문에 숨 쉬기도
힘들었던 시기에 나를 위로해준 사람은 사정을 알고 있는 몇몇 친구
들이었다. 그들은 나를 판단하지 않았고, 기꺼이 대화 상대가 되어줬
으며, 나와 함께 아파해줬다.

수치심은 자존심을 갉아먹는 쥐

인간은 누구나 수치심을 느낀다. 모든 게 완벽하게 갖춰
진 것 같은 사람들도 그 안을 투명하게 들여다보면 꼭대기 층 작은 방
에 누구에게도 들키고 싶지 않은 비밀의 물레가 숨겨져 있다. 문제는
'빨간 원숭이를 생각하지 않으려고 하면 더욱더 빨간 원숭이를 생각
하게 되는 것'처럼 숨기고 싶은 비밀이 나의 전체를 지배하고 수치심
을 느끼게 한다는 것이다.

《수치심 권하는 사회》에서 브렌 브라운은 완벽을 강요하는 문화
가 수치심을 부른다고 말한다. 우리가 진짜 원하는 것은 어딘가에 속
하고, 사랑받고, 다른 사람들과 관계를 맺는 것뿐이지만 가족, 배우자,
친구, 동료, SNS를 보는 불특정 다수, 그리고 우리 자신의 기대를 합
한 모습이 우리가 '되고 싶은 완벽한 모습'이다. 불행하게도 이런 기

대는 아주 어릴 적부터 우리에게 쏟아진다.

태어나는 순간부터 우리는 귀여워야 하고, 청소년기에는 똑똑한 모범생이거나 특출한 재능을 뽐내고, 성인이 되면 이상적인 배우자를 만나, 안정적인 직장을 얻고, 건강한 아이를 낳아 잘 길러서, 조화로운 가정을 꾸려야 한다. 너무 가난해도 안 되고 그렇다고 너무 탐욕스러워도 안 된다. 호감 가는 외모에 건강한 몸을 갖고 있으면 금상첨화다. 일하는 엄마라면 직장에서는 유능하고 집에서는 자녀를 똑소리 나게 돌봐야 한다. 남편과 양가 가족 간 사이도 좋아야 한다. 사회가 제시하는 표준에 어긋나면 우리는 자신만 뒤처지고 있다는 생각에 불안감을 느낀다. 불안감은 비밀을 만들고 수치심의 늪에 빠지게 한다.

한국에 사는 성인 여성이 느끼는 수치심 그물은 도저히 빠져나오기 어려울 만큼 촘촘하다. 특히 마흔이 넘어가면 노화로 인해 변해가는 외모, 건강상 문제, 경제적 문제, 가정 내 불안정한 요소, 고용 불안정, 자녀와의 갈등에서 오는 죄책감 등 여러 방면에서 공격이 가해진다. 모든 힘을 다해 노력해도 자의든 타의든 어떤 수치심 요소에는 걸려들 수밖에 없다. 누구도 피해갈 수 없다. 앞서 말한 것처럼 수치심은 자존감을 갉아 먹는 쥐다. 자신을 있는 그대로 받아들일 수 없는 상태에서는 자존감이 싹틀 수 없고, 자존감 없는 행복은 모래 위의 성과 같다.

스스로가 파놓은 동굴에서 빠져나오는 법

오랫동안 이 분야를 연구해온 브렌 브라운 박사는 다음과 같은 질문을 스스로 해볼 것을 권한다.

'사람들이 나를 _____(이)라고 생각하는 게 싫어요.'

이 빈칸에 채워 넣은 게 내가 걸려 있는 수치심 그물이다. 박사는 우선 우리 자존감을 갉아 먹는 수치심이 무엇인지 파악하고 용기를 내 이것을 판단 없이 공감해줄 친구를 찾아 조심스럽게 말해보라고 조언한다. 일단 스스로가 판 동굴에서 빠져나오는 게 중요하기 때문이다. 마치 원한에 찼던 원혼이 무당을 통해 마음을 이해받고 그제야 이승을 떠나는 것과 같다. 그렇게 지나가고 나면 과거의 기억은 현재와 미래의 나를 괴롭히지 못한다.(떠올리려 해도 떠오르지 않는다. 희미한 사진처럼 '그런 일도 있었지' 정도의 존재감만 남는다.) 용기 내 '굿거리'를 치른 자리에는 삶에 대한 감사와 자기가치감이라는 엄청난 보물이 자리를 대신한다.

40대에 들어선 여성들은 수치심에 대한 회복탄력성을 기르기에 최적의 시간을 보내고 있다. 그동안 인생을 살아오며 경험한 일을 토대

수치심 권하는 사회에서
살아남는 법.
"세상에 당당해져라!"

로 자신의 취약성을 인정하고 수치심이 있다면 털어버릴 절호의 기회다. 수치심을 드러내면 주변 사람이 실망해 다 떨어져 나갈지도 모른다는 불안감이 들 수도 있다. 하지만 다행스럽게도 세상에는 수없이 많은 삶이 있고, 그중 1퍼센트만 모아도 나와 비슷한 아픔을 겪고 있는 사람, 나에게 공감할 수 있는 사람을 만날 수 있다. 아이러니하게도 나의 용기가 또 어디선가 수치심으로 상처받고 있는 누군가에게 위로가 되기도 한다. 중요한 것은 내가 그 사실을 인정하고 말하지 않으면 아무도 알 수 없다는 것이다.

브렌 브라운 박사는 '온 마음을 다해 사는 삶을 살기 위해 수치심을 극복하고 자신의 부족함을 사랑할 용기가 필요하다'고 말한다. '온 마음을 다하는 삶'이란 자신이 이미 가치 있는 존재라고 믿는 자기가치감을 바탕으로 삶을 꾸려나가는 것을 의미한다. 아침에 눈을 떴을 때 무엇을 이뤘든 그러지 못했든 '나는 지금 이대로 충분해'라고 생각할 수 있도록 용기, 연민, 유대감을 기르는 것이다. 잠들기 전에 '그래, 나는 불완전하고 연약할 때도 두려울 때도 있어. 하지만 그렇다고 해서 내가 용감하고, 사랑받고, 인정받을 만한 존재라는 사실이 변하지는 않아'라고 생각하는 삶이다. 온 마음을 다하는 삶은 한 번의 선택으로 완성되지 않는다. 이것은 하나의 과정이고 평생을 걸쳐 계속해야 할 선택이다.

죽는 순간까지 '온 마음을 다하는 삶'을 살고 싶다. 이제는 남들에게 내 가치를 인정해달라고 애걸하고 싶지 않다. 나는 내 나름의 빛을 가진 '불완전하지만 아름다운 사람'이라는 믿음이 싹텄기 때문이다. 단언컨대 이 믿음의 첫걸음은 어릴 때부터 품었던 트라우마, 관계에 대한 불안감과 두려움, 이혼으로부터 온 수치심을 똑바로 응시하고 인정한 용기에서 비롯됐다. 행복해지고 싶다면 수치심을 바라볼 용기가 필요하다. 내 경험상 용기는 하루아침에 생기지 않는다. 매일 조금씩 근육을 단련하듯 용기 근육을 단련해야 한다. 그러면 어느 순간 과거에는 절대 할 수 없다고 생각한 일을 아무렇지 않게 하는 자신을 발견할 수 있다.

습관 처방

믿을 수 있는 사람에게 수치스러운 기억 말해보기

두렵지만, 양희은 씨 말처럼 "그러라 그래"라는 쿨한 태도로 내 아픔을 공감해줄 사람을 찾아보는 건 어떨까? 그 뒤에 찾아올 불안으로부터의 해방감은 지금까지의 고통을 상쇄할 만큼 크고 아름답다. 나의 이야기를 진심으로 공감해줄 사람을 만나 그동안 숨겨왔던 수치스러운 기억을 말해보길 권한다.

행복을 위해 사람들과 어느 정도 거리를 둬야 할까?

　　〈우리들의 블루스〉라는 드라마를 본 적이 있는가? 여러 인물이 서로 관계를 맺고 갈등을 해결해가는 과정을 그린 이 옴니버스 형식 드라마에서 내게 가장 인상적인 인물은 '은희'였다. 마흔을 훌쩍 넘긴 골드미스인 은희는 생선 가게와 유통업으로 자수성가해 수십억 자산을 이뤘지만, 그녀의 성공에 별 죄책감 없이 무임승차하려는 가족과 거절하지 못하는 착한 심성을 이용하는 친구들로 인해 갈등을 겪는다. 개인적으로는 극 전체에서 가장 정이 가는 캐릭터이긴 하지만 자신을 챙기지 못하고 이용만 당하는 것 같아 괜히 내 마음을 속상하게 하는 인물이었다.

　　물론 은희처럼 계산하지 않는 따뜻한 마음이 있어 많은 사람이 위로를 받고 살아갈 힘을 얻는다. 요즘같이 각박한 세상에 필요한 귀한 사람이다. 하지만 자신이 원하는 것을 분명하게 표현하지 못하는 성격 때문에 본의 아니게 타인을 악인으로 만들기도 한다.(말하지 않으면 남들은 알지 못한다.) 무엇보다 본인이 행복하지 않다는 게 가장 큰 문제다.

건강한 거리두기 연습이 필요하다

《모든 관계는 나에게 달려있다》의 저자 황시투안은 우리 삶이 바뀌기 위해서는 과거 익숙한 삶의 패턴에 대해 당당하게 "No"라고 선언할 수 있는 용기와 지혜가 필요하다고 한다. 은희처럼 괴로워하면서도 거절을 잘 못한다든지, 알면서도 계속 나쁜 남자에게 끌린다든지, 누군가 특정 감정 영역을 건드리면 분노 조절이 안 된다든지, 하나하나 통제하려는 성격 때문에 가족의 마음을 다치게 한다든지, 이같이 관계 속에서 저지르는 여러 실수가 사실은 마음속에 숨어서 우리를 조종하는 두려움, 불안감, 죄책감 등에 의한 것이라고 필자는 말한다.

인간관계란 원자핵을 중심으로 음극을 띄는 전자들이 각기 다른 에너지를 가지고 층위를 이루며 회전하는 전자 껍질 모양과 같다. 또는 일정한 궤도를 따라 태양 주위를 도는 태양계의 행성들과도 같다. 예상했겠지만 중심에 있는 원자핵이 바로 '나'다. 나를 중심으로 가장 가까운 곳에 가족과 연인이 있고 그 바깥 층위에는 친구, 더 바깥 층위에는 직장 동료, 이런 식으로 점점 더 멀어진다. 거리가 있는 전자는 서로를 묶어주는 에너지도 약해 하나쯤 떨어져 나가도 나에겐 별 타격이 없다. 필요에 따라 주변의 다른 전자로 그 자리를 채울 수도 있다. 그보다 중요한 것은 안정된 원자의 세계를 만들기 위해 원자핵과 전자, 전자와 전자가 각각 충돌하거나 파괴되지 않도록 일정 거리를 둬야 한다는 사실이다. 관계에서 일어나는 갈등 대부분도 건강한 거리의 균형이 무너지는 경우 발생한다. 가족과 같은 아주 가까운 관계일수록 더욱 그렇다.

《나는 내가 먼저입니다》의 저자 네드라 글로버 타와브는 오랜 시간 관계에 대해 심리상담을 해온 전문가다. 네드라는 바운더리를 세 가지 유형으로 설명한다. 먼저 너무 거리감을 둬서 아무도 들어올 수 없게 하는 '경직된 바운더리', 은희처럼 거절하지 못해 괴로워하는 '허술한 바운더리', 마지막으로 타인과 감정을 교류하면서도 자신 역시 존중할 줄 아는 '건강한 바운더리', 이렇게 세 가지다. 네드라는 허술한 바운더리의 뿌리에는 어린 시절 트라우마나 건강하지 못한 애착관계가 있다고 설명하면서, 자신이 힘들고 어려운 상황에서도 의사표시를 분명하게 하지 못하는 태도가 관계를 더욱 망친다고 지적한다.

건강하고 행복한 40대를 맞이하기 위해 건강한 거리두기의 연습은 필수적이다. 한국 여성은 대부분 30대 중반부터 관계가 확장된다. '부모, 남자친구, 친구, 직장 동료' 정도에서 '배우자, 자녀, 시댁·친정 식구, 직장 동료, 친구, 어린이집 선생님' 등으로 관계의 폭이 폭발적으로 넓어지는 것이다. 문제는 나이만 들었지, 관계 속에서 필연적으로 발생하는 갈등과 상실감에서 자신을 보호하는 방법을 잘 모른다는 데 있다.

갈등을 어떻게 다루는지는 이 시기를 지나는 여성의 몸과 마음에 많은 영향을 끼친다. 특히 40대 이후 여성은 호르몬 등 신체가 변화하며 우울증과 불안장애에 노출될 확률이 훨씬 증가하는데, 정서적으로 안정감을 주는 관계가 있어야 이 시기를 보다 잘 지나갈 수 있다. 따라서 일상에서 나의 갈등 해결 방법이 건강한지, 나를 둘러싼 사람들과의 관계는 건강한지 되짚어보는 일은 중요하다. 가까운 거리부터 먼 거리까지, 내 주위를 둘러싼 사람들을 살펴보고 행복을 위해 어느 정도 거리를 두는 게 건강한지 진지하게 고민해보아야 한다.

하버드 대학교에서 수천 명을 대상으로 '노년을 행복하게 해주는 요소'에 대해 물었는데 '사랑하는 사람과의 안정적인 관계'가 가장 중요하다는 결과가 나왔다. 마흔 이전까지가 자기 내면을 탐구하는 과정이었다면, 그 이후의 삶은 나를 넘어서서 내 주변과 어떻게 조화로운 관계를 맺을지 고민하는 여행이 아닐까 생각한다. 그런 의미에서 마흔을 지난 여성이 관계의 안전거리에 대해 고민하는 것은 권장사항이라기보단 행복을 위한 필수사항인 것 같다.

습관 처방

바운더리 유형 점검하고 관계 전자껍질 그려보기

《나는 까칠하게 살기로 했다》를 쓴 양창순 의학 박사는 중요하지 않은 관계에서 오는 갈등에 큰 에너지를 쏟지 말고 축적해두었다가, 나에게 정말 의미 있는 관계를 가꾸는 게 중요하다고 말한다. 만약 자신에게 중요한 사람이 누구인지 잘 모르겠다면 다음 네 가지 질문을 던져보라. 첫째, 이 사람은 죽을 때 내 옆에 있을 사람인가? 둘째, 이 사람은 죽을 때 보고 싶을 사람인가? 셋째, 이 사람은 힘들 때 내 옆에 있어줄 사람인가? 넷째, 이 사람은 나의 수치심까지 사랑해주는 사람인가? 질문에 대한 답이 나왔다면 나와 가장 가까운 관계부터 먼 관계까지 전자껍질을 그려보자. 가까운 곳에 믿을 만한 사람이 없다면 지금부터 채워나가도 된다.

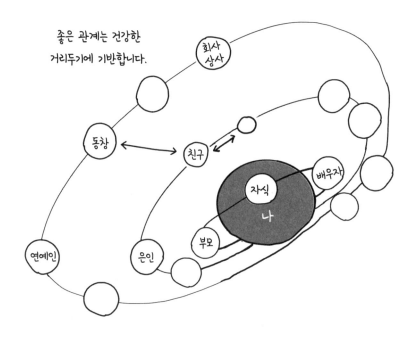

좋은 관계는 건강한
거리두기에 기반합니다.

회사
상사

동창 ↔ 친구 ↔

배우자

자식

나

연예인

은인

부모

; 꿈꾸는 여자는
늙지 않는다

경상북도 칠곡군에 있는 칠곡숲체원 데크길을 따라 숲길을 올라가면 70대 80대 시골 할머니들이 삐뚤삐뚤 글씨를 배워 쓴 시들이 직접 그린 그림과 함께 전시돼 있다. 초등학교 저학년이 쓴 글씨와 그림처럼 보이지만 내용을 읽어보면 연륜에서 나오는 지혜와 순수함이 함께 느껴져 마음이 싱그러워진다. 배움에 대한 열정과 꿈으로 칠곡 할머니들이 소녀가 되는 마법을 부린 것 같다.

내게도 '꿈'이란 힘든 인생을 그래도 살맛 나게 하는 단어다. 지난 삶을 돌이켜보면 앞이 깜깜해 보이지 않는 순간마다 작은 등불처럼 가야 할 길을 비춰준 건 꿈이었다. 한 발 한 발 그 빛을 따라 걷다 보면 끝이 보이지 않는 터널을 빠져나갈 수 있었다.

어떻게 보면 중학생 시절 우연히 읽은 책 한 권이 나의 운명을 바꿔놓았다. 2학년 여름 방학 때 집에서 뒹굴뒹굴하다가 우연히 슈바이처 전기를 읽었다. 또래보다 조숙했던 터라 늘 '어떻게 해야 인생을 아름답게 살까?' 고민하던 나에게 슈바이처의 삶은 무척 멋있어 보였다.(당시 성당을 열심히 다니며 수녀님에게 들은 여러 따뜻한 이야기가 슈바이처와 같은 사람이 되고 싶다는 꿈을 더 키우게 한 것 같다.) 하지만 이런저런 이유로 영문학과에 진학했고, 내 마음 한편에는 늘 진짜 꿈을 이루지 못했다는 아쉬움이 있었다.

그러던 중 우여곡절 끝에 스물일곱이라는 나이에 다시 의대에 도전했다. 지금도 인생에서 가장 기뻤던 순간 중 하나를 꼽으라면 의대에 합격했던 순간을 말할 것이다. 주변에서는 내가 동시통역을 접고 의대를 준비하던 순간부터 염려했다. "10년은 고생해야 할 텐데, 적은 나이도 아니고 그냥 하던 일 하다 좋은 사람 만나 시집가지……. 시간 낭비하는 거 아니니?" 나를 위해 하는 말이었지만 사실 누구의 말도 귀에 들어오지 않았다. 포기했던 꿈의 길에 다시 들어선 것만 해도 너무 설레고 행복한 일이었다.

의대 공부는 만만치 않았다. 과도한 스트레스로 면역력이 떨어져 병을 앓기도 했다. 그리고 진짜 내 꿈은 의사가 아니라 슈바이처처럼 사는 것이어서 결혼 후에도 당시 남편에게 계속 같이 봉사하며 살자 이야기했는데, 돌이켜보면 내 말이 그에게는 부담이었던 것 같다. 그러던 중 이혼이라는, 한 번도 예상하지 못한 엄청난 구덩이에 빠지게

된 것이었다. 경주마처럼 꿈을 향해 달려가다 다시 일어서지 못할 것
처럼 넘어지고 말았다.

심장을 다시 뛰게 하는 그것

어느 날 저녁을 먹던 중 바다에서 표류하는 난민을 구조
하는 국경없는의사회 광고를 TV에서 보았다. 그 순간 '나도 저기 가
고 싶다'라는 작은 마음의 등불이 켜졌다. 그로부터 수개월 뒤 국경없
는의사회의 서류심사와 면접, 준비 과정을 모두 거친 후 병원에 사표
를 냈다. 나의 첫 번째 미션지인 레바논으로 향했다.

모든 순간이 마치 동체 시력처럼 순간순간 의미를 가지고 내 마음
속에 각인됐다. 죽어가던 심장을 다시 뛰게 했다. 레바논에서 만난 죄
없이 고통받는 수많은 여자와 아이들은 작은 돌부리에 걸려 넘어지고
인생을 탓한 시시한 나를 부끄럽게 만들었다. 너무나 당연하다고 생
각하며 누린 것들에 대해 진심으로 감사할 수 있게 해주었다. 결국 꿈
이었다. 꿈이 나를 위기에서 구해주고 성장시켰다.

레바논에서 돌아와 새로운 사람을 만나고, 마흔에 딸을 낳고, 늦깎
이 엄마가 되어 건강상 위기가 찾아왔을 때도 나는 꿈이 주는 교훈
을 잊지 않았다. 당시 나는 체력이 급속도로 떨어져 더는 국경없는의

사회의 미션을 나가기 힘든 상황 때문에 약간의 산후우울증도 있었던 것 같다. 노화에 대한 불안감도 함께 찾아와서 더 힘들었다. 하지만 '누군가에게 힘이 되는 글을 쓰는 작가가 돼보자'는 두 번째 꿈을 향해 다시 일어났다. 그 열정이 새벽 다섯 시만 되면 눈을 뜨게 만들었고, 끊임없이 글을 읽고, 쓰고, 투고하게 했다. 이 책은 내 꿈의 일부다. 누군가는 '작가가 되기엔 다소 늦은 나이'라고 말할지도 모르지만 꿈꾸는 사람에게 타인의 기준 따윈 크게 중요하지 않다. 나는 그 사실을 첫 번째 경험을 통해 이미 잘 알고 있다.

"삶이란 서서히 태어나는 것이다."

《어린 왕자》를 쓴 생텍쥐페리가 한 말이다. 죽을 때까지 꿈을 꾸고 열정적으로 사는 여자는 서서히 태어나기에 절대 늙을 수 없다. 거울에 비친 내 모습이 늙어 보인다면 일단 내 꿈이 무엇인지 생각해보는 것은 어떨까. 그 무엇으로도 얻을 수 없는 생기와 싱그러움, 그리고 삶의 의미까지 선물받게 될 것이다.

당신 삶의 목적은 무엇인가요?

삶이 표류하고 있다고
느껴진다면 감사 일기

13년 전 짧은 결혼 생활을 끝냈을 때 나는 수영을 할 줄 모르는데 물에 빠져버린 생쥐 꼴이었다. 당시 내 나이는 30대 초반이 었지만 의대를 늦게 진학해 사회생활을 오래 하지 않고 입시와 학교 공부만 하며 지낸 것이나 다름이 없어 삶에 대해 더 어리숙했던 것 같다.(그렇다고 지금 똑똑하다는 말은 아니다.) 연애 경험도 별로 없어 어떻게 해야 성숙한 이별을 하고 슬픔을 회복하는지 기본 데이터도 저장된 게 없었고, 한참을 방황해야 했다.

가족, 친구, 심지어 그토록 좋아하던 여행도 잠시 위로를 줄 순 있어도 근본적으로 나를 구해주진 못했다. 그때부터 미친 듯이 책을 읽기 시작했다. 난해한 상황에서 기적처럼 헤쳐나갈 수 있는 해답을 찾고 싶었기 때문이었다. 거의 물이 코까지 차올라 이대로 끝나는 건가 싶었을 때《더 시크릿》이라는 책을 알게 되었다.

"이미 그것을 받았다는 마음으로 감사하면 우주의 긍정적인 기운이 모여 실제로 꿈을 이뤄준다." 대충 이런 식의 내용이었던 것 같은데, 예전 같았으면 유치하다며 덮어버렸을지도 모르지만 당시 나는 지푸라기라도 잡고 싶은 마음이었다. '밑져야 본전이지' 싶을 정도로 복잡하지 않고 단순한 메시지에도 왠지 끌렸다.

그때부터였다. 매일 아침 일어나서 억지로라도 뭔가에 감사하기 시작했다. 처음엔 뭘 감사해야 할지 잘 떠오르지도 않아 가장 단순한 것부터 시작했다. '오늘도 숨 쉬고, 두 다리로 움직이고, 굶지 않게 해주셔서 감사합니다.' '사랑하는 부모님이 두 분 다 건강하신 게 감사합니다.' '뭔가 할 일이 있다는 것에 감사합니다.' ……. 신기한 건 이런 식의 조건 없는 감사 기도가 조금씩 부정적인 감정과 생각을 지워버렸다는 것이다. 그리고 1년 정도가 지나자 느리지만 조금씩 새로운 삶에 적응해가기 시작했다.

지금 돌이켜 생각해도 신기했던 경험이지만 사실 사람들에게 선뜻 힘들 때 감사하라고 말할 자신은 없었다. '뻔한 이야기'라고 치부해버릴 가능성이 컸기 때문이었다. 몸과 마음에 너무 좋은데 뭐라 증명할 수는 없는, 심증은 가나 물증이 없는 상태였다.

그 사람이 또래보다 동안인 이유

인간 건강수명에 대해 가장 핫한 이론을 다룬 《텔로미어 효과》라는 책에서 뜻밖에 감사의 과학적 근거를 찾았다. 텔로미어란 쉽게 설명해 신발 끈 끝에 달린 플라스틱 막대 같은 것인데, 세포 내 유전정보를 담은 DNA 끝에 붙어 우리 유전자를 보호하는 역할을 하는 입자다.

노화가 진행될수록 텔로미어 염기서열의 길이도 점점 닳아 짧아지는데 이것이 닳고 닳아 사라질 정도가 되면 세포는 활동을 멈추거나 소멸한다. 즉 텔로미어가 완전히 사라지면 우리도 죽는 것이다. 그런데 흥미로운 것은 텔로미어가 덜 닳도록 보호해주는 텔로머라제의 존재다. 이 신비로운 효소가 발견되자 의학계는 그동안 진시황제 시절부터 찾아 헤매던 불로장생의 영약을 발견한 듯 희망에 부풀었다. 개념상으로는 어떤 식으로든 텔로머라제를 보충하거나 늘려주는 약 또는 주사를 개발하면, 늙지도 죽지도 않을 수 있기 때문이었다.

하지만 생명은 그렇게 호락호락하지 않았다. 인류의 완전하지 않은 지식을 기반으로 텔로머라제를 인위적으로 주입하려 시도하면 오히려 암세포를 자극해 암세포만 무한 증식하게 만들 수 있다는 증거가 나오기 시작했기 때문이었다. 이게 바로 텔로미어와 텔로머라제를 발견한 공로로 2009년 노벨생리의학상을 수상한 엘리자베스 블랙번과 세계적인 건강심리학자인 엘리사 에펠이 《텔로미어 효과》를 쓰게 된 계기다. 즉 위험한 시도에 대한 경종을 울리고, 대신 텔로미어를 늘릴 수 있는 안전하고 검증된 방법을 알려줘 보다 많은 사람이 건강수명을 늘리고 행복하게 살도록 도우려 한 것이다.

텔로미어는 우리 몸을 구성하는 가장 기본 단위인 세포에 존재하는 것이라 기본적으로 신체 구석구석에 영향을 끼치지 않는 곳이 없다. 심지어 어떤 사람이 또래보다 동안인 원인도 바로 이 텔로미어의 길이에 영향을 받는다고 한다. 이렇게 중요한 텔로미어를 길게 만드는, 적어도 짧아지지 않게 유지하는 방법은 스트레스 회복력, 즉 멘탈 관리에 있다.

이를 뒷받침하기 위해 저자는 병든 아이를 돌보며 만성 스트레스에 시달리는 엄마들을 대상으로 텔로미어에 관한 연구를 했는데 놀랍게도 아이의 유병 기간이 길수록 엄마의 텔로미어도 더 짧게 나타났다. 스트레스 관리와 텔로미어 길이에 깊은 상관관계가 있는 것이다.

주의 깊게 더 살펴봐야 할 사실은 같은 스트레스 상황에서도, 혹은 병이 더 심한 아이를 더 오래 돌본 엄마 중에도 텔로미어를 길게 유지하는 경우가 있다는 것이다. 진짜 문제는 스트레스 상황 자체보다는 상황을 어떻게 받아들이느냐라는 의미다. 부정적이고 적대적인 사고 방식을 가진 사람은 고통의 크기에 비해 텔로미어에 심한 손상을 받지만, 어떤 상황에서도 자신을 존중하고 감사하는 사고방식을 가진 사람은 스트레스 탄력성을 가지고 텔로미어에 별 손상 없이 그 상황을 잘 빠져나올 수 있다.

그 시절 무엇도 모르고 했던 '그럼에도 불구하고 감사 기도'는 텔로미어를 극단적으로 훼손해 여러 병과 노화로 이끌어갈지 모를 큰 스트레스에서 날 구한 구명조끼였다. 지금 너무 힘들어서 어찌해야 할지 모르겠다고 생각하는 사람이 있다면 일단 이 조끼 한 번 입어보시라. 수영하는 법을 배우기 전까지 물에 떠 있기라도 해야 하지 않겠는가.

습관 처방

매일 감사 일기 쓰기

아침에 일어나 내가 가장 먼저 하는 일은 10년짜리 감사 일기를 쓰는 것이다. 대단한 일은 아니다. 나와 사랑하는 가족의 건강이 문제 없음에 대한, 또 좋아하는 일을 계속할 수 있는 상황에 대한 감사들이다. 어떻게 보면 감사하다고까지 할 일인가 싶지만, 가족 중 누가 아프다든가 직장이 위태롭다든가 하는 일이 발생했다고 상상해보자. 그동안 누려온 일상이 결코 평범하고 당연하지 않았다는 것을 깨닫게 된다. 꽤 오랫동안 써온 일기장이기에 몇 년 전에 쓴 감사 일기를 보고 문득 현재를 돌아보기도 한다. 혹시 삶을 좀 더 의미 있게 살고 싶다면 아침에 일어나 간단하게라도 일기를 써보는 게 어떨까.

탄탄했던
내 몸은
다 어디로 갔을까?

또래보다 어려 보이는 비결은
'신진대사'에 있다

; 언제부턴가
거울 보기가 싫어졌다고?

벌써 20년도 전이던 그때 미국에 1년 정도 교환학생을 다녀온 적이 있다. 근처에 버지니아비치가 있어서 시간만 나면 그곳에서 시간을 보내곤 했다. 내가 살던 작은 동네에는 동양인이 지금처럼 많지 않았다. 그런데도 해변에 가면 단번에 누가 한국 여성인지 아는 방법이 있었다. 모두 벗어젖히고 태양 빛을 만끽할 때 모자에 선글라스, 토시, 양산까지 쓴 사람이 있다면 거의 99퍼센트였다. 나 또한 백옥 같은 피부를 선호하는 한국 여자인지라 20대 초반이었음에도 갖출 것은 다 갖춰야 마음이 편했다. 지금 생각해보면 그때만이라도 마음껏 태양을 즐겼으면 어땠을까 후회된다.

작열하는 태양 아래 비키니에 선글라스 차림만으로 돌아다니는 일은 어느덧 상상도 할 수 없는 나이가 되고 말았다. 35세를 지나면서

나도 태양 아래서 걱정 없이 놀던
철부지 어린 시절이 있었죠.

부터는 피부 건강에 적신호가 켜지기 때문이다. 노화가 본격적으로 시작되고 피부 면역력과 재생 능력은 하루가 다르게 저하된다. 여성 호르몬은 감소하면서 콜라겐과 엘라스틴 양이 급격히 떨어져 얼굴의 탄력이 떨어진다. 20대 때는 수시로 거울을 들여다보고 미모를 점검하던 사람도 40대가 되면 거울 보기가 두려워진다. 왠지 피부가 칙칙하고 눈가 기미도 짙어 보인다. 노인들에게만 생기는 줄 알았던 검버섯이 하나둘 자리 잡기 시작한다. 얼굴과 목의 가장자리를 따라 오돌오돌 거뭇거뭇한 편평 사마귀와 쥐젖도 눈에 띄게 늘어난다. 심하면 가슴과 배까지 번져 대중목욕탕에 가기 두려워질 수도 있다.

이뿐 아니다. 젊을 때는 생기지 않던 피지샘증식증, 모세혈관증식증, 체리혈관종 같은 피부질환이 생길 수 있고, 폐경이 가까워지면서는 속 건조로 원인을 알 수 없는 가려움증이 심해지기도 한다. 거울 보기 두렵게 만드는 이 문제들에 대한 해결책은 없을까?

물만 열심히 마시면 모든 문제가 해결될까?

아기 피부를 만져본 적이 있는가? 잘 익은 토마토처럼 탱탱하고 수분을 가득 머금고 있는 것 같다. 실제로 아기는 체중의 80퍼센트가 물이다. 이에 비해 성인 남성은 자기 체중의 약 60퍼센트, 여성은 55퍼센트, 노인은 50퍼센트까지 수분 함량이 줄어든다. 게다가 피부가 물을 머금는 능력은 외부 자극으로부터 피부를 지켜주는 피부 면역력과도 밀접한 관계가 있어서, 아기와 노화에 접어든 사람들의 피부 차이는 결국 보습력의 문제라고 볼 법하다. 유전적으로 피부 수분 유지력이 약한 아토피 피부를 가진 유아의 경우 알레르기 물질, 세균, 바이러스 등 감염에 매우 취약한데 피부 보습력과 면역 간 관계를 잘 보여주는 일례다.

하루에 우리 몸에서 빠져나가는 수분은 3.1리터가량이다. 소변으로 1.5리터, 대변으로 0.1리터, 땀으로 0.5리터, 호흡으로 0.5리터 정도가 빠져나간다. 이 밖에 눈물, 체액, 침 등 느끼지 못하는 사이 배출되는 수분이 0.5리터다. 반면 식사를 통해 몸으로 들어오는 물은 1.5리터 정도다. 체내에서 재흡수되는 물이 0.2리터가량이니, 계산대로라면 최소 1.4리터를 의식적으로 마셔서 보충해야 한다는 결론이 나온다.

하지만 1.5리터 생수병을 들고 시시때때로 마시는 것만으로 정말 수분 문제가 해결될까? 의학박사 하워드 뮤래드는 그의 저서《물 마시지 마라》에서 막무가내로 물을 많이 마시기보다 세포가 물을 잘 잡아 둘 능력을 기르도록 도와주는 게 중요하다고 말한다. 세포가 제 기능을 유지하는 데 필요한 물을 충분히 저장하지 못한다면, 아무리 물을 많이 마셔도 소용없다는 것이다. 오히려 쓸데없이 세포들 사이를 떠다니며 수분이 쌓여 부종이 발생할 뿐이다.

세포가 물을 저장하는 수화 능력을 키우는 데는 일반 물보다도 채소와 과일처럼 수분, 비타민, 미네랄이 풍부한 음식을 섭취하는 게 좋다. 수분은 이왕이면 자연으로부터 생으로 섭취하는 것이 훨씬 더 효율적이다. 병원에 있다 보니 갱년기를 맞아 속 건조나 가려움을 호소하며 내원하는 환자분을 자주 만난다. 그때 가려움을 진정시키는 약이나 일회성 관리를 소개하기보단 올바른 수분 섭취 방법을 꼭 알려드리는데, 효과를 봤다며 좋아하시는 경우가 많다.

효율적인 수분 보충의 가장 기본은 수분 함량이 높은 채소나 과일을 즐겨 먹는 데에서 시작한다. 하워드 박사가 소개한 수화력을 올려주는 음식 75가지 중 한국인에게 적합한 것을 추려 소개하니 평소에 챙겨 먹길 바란다.(습관 처방 참고)

영양성분인 오메가3, 글루코사민, 레시틴, 비타민B복합체, 비타민D, 칼슘, 항산화제 등을 함께 먹어주는 것도 도움이 된다. 물론 굳이 비싼 영양제를 찾지 않아도 음식 재료에 신경 쓴다면 양질의 영양소를 어느 정도 섭취할 수 있다. 생선에는 오메가3, 버섯과 햇볕에는 비타민D, 현미 같은 통곡물에는 섬유질과 비타민B복합체가 가득 들어 있다. 과일과 채소는 너무나 훌륭한 항산화제라는 점도 잊지 말자.

내게 맞는 수분 섭취법을 찾자

사람마다 필요한 수분의 양은 모두 다르다. 일반적으로 물 외에 음식으로 1.5리터가량 수분을 섭취하는 게 이상적이지만, 사람마다 식습관이 달라 어떤 사람은 음식으로 하루 0.5리터도 수분을 보충하지 못하는 경우가 있는가 하면 어떤 사람은 2리터 이상 보충하기도 한다. 수분 손실량도 차이가 크다. 사무직인 사람은 땀으로 0.2리터가량 수분 손실이 발생하지만 사이클 선수는 수 리터 이상 손실되기도 한다. 또 호르몬 기능에 따라 필요한 수분량이 달라지기도 한다. 예를 들어 바소프레신은 뇌하수체 후엽에서 분비되며 체내 수분 조절과 소변량 조절에 중요한 역할을 하는 항이뇨 호르몬인데, 노인의 경우 이 바소프레신에 대한 신장 반응이 떨어지고 소변량은 증가해 물을 마셔도 혈액으로 재보충되는 수분량이 적어 탈수되기가 쉽다.

이렇게 사람은 저마다 다양한 요소에 영향을 받기 때문에 하루 수분 섭취량을 천편일률적으로 권유하기가 어렵다. 수분 과다 섭취는 수분 중독을 일으킬 수 있어 탈수만큼이나 주의가 필요하다. 따라서 대략적인 기준을 이해하고 현재 나의 탈수 상태를 확인해 물을 섭취하는 게 중요하다.

개인의 수화 상태를 확인하는 방법은 어렵지 않다. 갈증이 나는지,

입안이 건조한지, 땀이 나지 않는지, 소변 색깔이 진한 갈색인지 등 수분 부족 증상을 수시로 확인할 수 있다. 반대로 몸이 자주 붓는지, 이유 없이 체중이 증가하는지, 복부가 팽만했는지, 손발이 차가운지, 소변 색깔이 너무 투명한지 등도 수시로 점검해 지나친 수분으로 몸에 부담이 생기지 않았는지 확인하는 것도 중요하다. 스스로 자신에게 맞는 수분 섭취법을 찾아야 한다. 수분 섭취야말로 요즘 의학계의 떠오르는 이슈인 맞춤형 의료의 기본이 돼야 할 사항이다.

몸에 수분이 부족하다면 의식적으로라도 물을 마실 필요가 있다. 아침 기상시 미온수 1컵, 식사 30분 전 1컵, 식사 2시간 후 1컵은 물 보충 효과를 극대화할 뿐 아니라 소화효소를 방해하지 않고 독소를 내보낼 수 있는 방법이니 꼭 참고하자. 소화효소가 부족해 평소에도 더부룩하다면 물 마시는 타이밍에 더욱 주의하자. 잘못된 시간에 마시는 물은 소화효소를 희석해 증상을 악화시킨다.

수화력을 높여주는 음식 섭취하기

과일: 귤, 사과, 살구, 무화과, 바나나, 배, 복분자, 복숭아, 블루베리,
석류, 아보카도, 오디, 오렌지, 자두, 자몽, 크랜베리, 키위, 파인
애플, 파파야, 포도

채소: 감자, 갓, 고구마, 구기자, 당근, 딸기, 마늘, 멜론, 무, 브로콜리,
비트, 상추, 생강, 셀러리, 수박, 시금치, 아스파라거스, 양배추,
양파, 오이, 옥수수, 완두, 청경채, 케일, 콜리플라워, 토란, 토마토,
호박

왜 자꾸만 얼굴이
사각형이 되지?

"어머, 이 사진 좀 봐! 완전 아기다, 아기."

"촌스럽긴 한데 그래도 풋풋하니 예쁘네."

"촌스럽긴. 피부랑 턱선을 봐. 나이가 깡패다, 그렇지?"

오랜만에 대학 친구들을 만났다. 한 명은 제주, 한 명은 서울, 또 한 명은 남편 따라 미국에 유학 간 터라 근 17년 만이었다. 우리는 과거 사진을 보며 서로 달라진 모습에서 기억 속 친구 모습을 찾아내려 애썼다. 많이 변하진 않았다며 위로 섞인 칭찬을 했지만 내심 '세월 앞에 장사 없다'는 생각을 지울 수가 없었다. 하지만 그 와중에도 눈에 띄는 점이 있었으니, 20년 전 얼굴과 똑같은 사람은 없었지만 변화의 정도에는 어느 정도 차이가 있었던 것이다. 어떤 친구는 세월의 흐름이 그대로 드러났지만 반대로 어떤 친구는 피부 탄력과 얼굴선이 여전해서 실제 나이보다 10년 정도 어려 보였다. 우리 관심은 자연스럽게 세월을 비껴간 듯한 친구의 동안 비결에 쏠렸다.

"넌 어떻게 관리했길래 이렇게 안 늙었어? 비결이 뭐야?"

"나? 뭐 별다른 건 없는데…… 주기적으로 마사지하고, 자외선 크림 잘 바르고, 잘 자고 잘 먹고…… 뭐 그런 거지!"

"에이, 진짜 비결이 뭐야? 혹시 무슨 화장품 써?"

정체된 림프를 순환시키자!

20대 때 사진을 꺼내 현재 모습과 비교해보자. 가장 크게 눈에 띄는 것은 피부 톤일 가능성이 크다. 하지만 그만큼 큰 차이를 보이는 게 있으니, 바로 얼굴선이다. 잡티는 거울을 자세히 보면 금방 드러나지만, 얼굴선은 가랑비 젖듯 서서히 변화해 뒤늦게야 정말 깜짝 놀라게 만드는 노화의 증거다.

체중 변화가 없는데도 과거보다 얼굴이 커 보이고 하관이 둥그스름해지는 이유는 다양하다. 일단 나이가 들면 콜라겐과 엘라스틴 생산량이 급격히 감소하고 저작근(음식을 씹는 데 쓰는 턱관절 근육)과 침샘이 비대해진다. 30대 중반부터 노화가 본격적으로 시작되면 계란형이었던 사람도 이중 턱이 생기고 얼굴형이 사각으로 변하기 시작한다.

낮아진 기초대사율도 한몫한다. 혈액순환과 림프순환이 잘되지 않아 얼굴이 잘 붓고, 부종이 생기면 원상태로 돌아가는 데 시간도 오래 걸린다. 20대 땐 아침에 좀 부어도 조금 시간이 지나면 원상태로 돌아갔는데, 정말 인생이 무상하다.

어떻게 해야 해마다 커지는 얼굴을 원상태로 돌릴 수 있을까? 나이보다도 어려 보이는 사람들은 모두가 자연스레 겪는 노화를 어떻게 늦추는 걸까? 정녕 타고 나야만 하는 일일까?

오랜 고민 끝에 의사로서 내가 내린 결론은 '아니다'이다. 물론 피부 노화를 결정짓는 데는 유전적 소인도 있다. 안타깝지만 사실이다. 우리 외할머니는 여름 내내 자외선 차단제 한 번 바르지 않고 땡볕에 논밭에서 일해 몰라보게 얼굴이 새까매져도 겨울 비수기를 보내고 나면 원상태로 회복되곤 하셨다.(불행히도 나는 이 유전자를 물려받진 못한 것 같다.) 하지만 대부분 사람은 20대 후반부터 잔주름과 색소침착이 나타나고 피부 탄력이 무너진다. 누구든 겪는 자연스러운 노화 과정이다. 다만 일찍이 노화에 대비해 관리하는 습관을 만드는 사람이 있는가 하면, 어떤 사람들은 뒤늦게 깨닫고 세월을 한탄한다. 사소한 습관의 차이가 쌓여 엄청난 결과를 초래한다.

가령 하루 5분 림프 마사지만으로도 불필요한 노폐물로 인한 부종을 제거해 갸름한 얼굴형에 가까워질 수 있다. 림프관은 혈관과는 또 다르게 우리 몸 다양한 장기에 분포해 있다. 피부, 점막, 장간막 등 신

하루 한 번 림프 순환 마사지하는 법

귀 뒤 움푹 들어간 곳부터 목을 따라 부드럽게 마사지한다.

턱을 들고 두 손으로 목 부분을 턱부터 쇄골까지 쓸어내린다.

쇄골의 오목한 부분을 지그시 눌러 중앙에서 밖으로 쓸어낸다.

겨드랑이 옴폭 들어간 곳을 톡톡 가볍게 두드려준다.

체 곳곳에 퍼져 과도하게 축적된 수분과 노폐물을 림프액이라는 체액으로 만들어 빼내는 역할을 한다. 림프관 중간중간에는 림프절이 있는데 이곳에선 림프관을 통해 옮겨 다니는 바이러스를 면역세포가 제거하는 작업도 수행한다. 한마디로 림프관이 하수도, 림프절이 하수처리장인 셈이다. 500여 개 림프절이 온몸에 골고루 배치돼 면역을 담당하는데, 300개 정도가 목 주위에 몰려 있다.

이 림프관과 림프절이 원활하게 순환되도록 마사지하는 게 중요하다. 탄력이 떨어져 얼굴을 커 보이게 만드는 부종을 빼주고, 혈액순환을 원활하게 만들어 낯빛이 밝아 보이게도 할 수 있다. 독소를 잘 배출해 면역계를 활성화하는 것은 덤이다.

피부 탄력을 돌려놓는 음식

얼굴선을 결정짓는 열쇠는 탄력이다. 지구에 사는 한 중력을 피할 수 없으므로 얼굴이 처지는 것은 어찌 보면 당연한 이치다. 하지만 중력에 맞서 얼굴의 탄력을 키울 방법이 없지는 않다. 피부는 크게 세 층으로 나뉜다. 평균 0.1밀리미터 정도의 표피층, 신경·혈관·피부 부속기를 포함해 결합 조직으로 구성된 진피층, 그리고 피하지방층이다. 특히 피부 부피의 대부분을 차지하는 진피층은 유연성,

탄력성, 장력 등 피부 특성을 결정한다. 수분을 저장하는 능력도 갖추고 있어 동안의 2대 주요 인자인 보습력과 탄력성을 결정짓는 중요한 기능을 한다.

피부 탄력을 올리기 위해선 자외선 때문에 발생하는 광노화를 피하고 피부 탄력 생성에 도움이 되는 영양소를 잘 섭취할 필요가 있다. 영양소와 관련해서는 콩에 함유된 이소플라본 섭취에 따라 피부 주름 개선을 확인한 연구를 주목할 필요가 있다. 일본에서 진행된 이 연구는 30대 후반부터 40대 초반까지 여성 피실험자를 대상으로 반은 매일 콩 이소플라본 40밀리그램을 섭취하게 하고, 위약 효과를 배제하기 위해 나머지 절반은 그와 같은 모양의 식품 40밀리그램을 섭취하게 했다. 12주 뒤 피실험자의 눈가 주름을 측정해 보았더니 놀랍게도 콩을 섭취한 실험군에서 유의할 만한 수준으로 주름이 개선되었다. 콩 섭취만으로도 피부 탄력과 주름에 긍정적인 효과를 볼 수 있다는 가능성을 보여준 셈이다.

; 내 머리카락은
내가 지켜야지

"원장님, 우리 딸 탈모가 너무 심해서 걱정이에요."

걱정스러운 표정의 어머니가 18세 딸을 데리고 병원을 찾아왔다. 아니나 다를까 모발 검사상 딸의 탈모는 심각했다.

"따님이 혹시 최근에 다이어트를 했나요?"

"어떻게 아셨어요? 얘가 거의 굶다시피 살을 빼더라고요. 3개월 동안 20킬로를 뺐어요. 요즘은 밥 두 끼는 먹는데 머리카락이 너무 빠지더라고요. 혹시 무슨 문제가 생긴 걸까요?"

"문제라기보단⋯⋯ 성장기 학생에겐 영양소 공급이 필수적이니까요. 초 저열량 다이어트를 하면 기초대사작용에 써야 할 에너지도 부족해져서 탈모가 생길 수밖에 없어요. 그래도 영양 공급이 원활해지면 다시 머리카락이 날 거예요. 너무 걱정 마세요."

탈모가 생길 나이가 아닌데 심각한 탈모가 생겼다면 십중팔구 과한 다이어트가 원인이다. 청소년뿐 아니라 20대 여성들도 종종 비슷한 문제로 진료실을 찾아온다. 원인이 좀 더 복합적이긴 하지만 30대부터 심해지는 탈모 역시 큰 범위에서는 영양 결핍이다. 차이가 있다면 전자는 다이어트로 먹는 양이 급감해 발생하고, 후자는 먹는 양은 그대로인데 음식이 에너지로 전환되는 효율이 떨어져 발생한다는 것이다. 그러다 보니 30대 후반 여성도 탈모로 병원에 자주 내원한다. 해도 해도 너무 많이 빠진다는 게 그들의 한결같은 고민이다.

나 역시 30대 후반부터 머리카락이 가늘어지고 머리 앞부분 볼륨이 잘 살지 않는 느낌을 받았다. 특히 머리를 감거나 드라이어로 말릴 때는 혹시 병이 아닌가 걱정한 기억이 난다. 누가 뭐라 해도 고수해온 긴 생머리를 자른 것도 바로 그 시점이었다. 더는 찰랑거리지 않았을 뿐더러 오후가 되면 볼륨 없이 축 처진 모습이 볼품없었기 때문이었다.

탈모 관련 흑역사는 마흔 살에 첫 딸을 낳으며 절정을 이뤘다. 임신 중에는 오히려 괜찮았는데 출산 후 100일 정도가 지나자 머리카락이 무섭게 빠졌다. 자고 일어나면 한 움큼씩 빠지는데 감당할 자 누구랴! 거울을 자주 보지 않았지만, 가끔 화장실에 갔다가 우연히 스치듯 거울에 비친 내 모습을 보면 흠칫흠칫 놀라곤 했다. 다행히 고난과 자괴감의 날들이 지나고 아이가 돌 무렵이 되자 별 노력 없이도 머리카락이 잔디처럼 다시 돋아나기 시작했다.(인터넷을 찾아보니 초보 엄마들

사이에선 파인애플 머리로 불리기도 하더라.)

　내 경우에는 인턴 시절 바빠서 젖은 머리를 그대로 묶었던 습관이 있었는데, 이 습관 때문인지 머리가 가렵고 두피 각질이 생기는 지루성두피염이 종종 생겼고 탈모의 원인이 되기도 했다. 탈모는 임신, 출산, 다이어트, 스트레스 등 라이프사이클에 따라 다양한 이유로 생길 수 있다. 그러니 우선 각자 탈모의 원인부터 정확히 파악할 필요가 있다.

불필요한 부분은 제거하는 생존법

　　　산을 울긋불긋 물들이고 이불 덮어주듯 땅 위에 떨어지는 낙엽은 가을의 절경이다. 하지만 과학적으로 살펴보면 이 과정은 나무가 광합성을 하지 못하고 에너지가 부족할 것을 대비해, 잎과 가지가 붙은 부분에 '떨켜'라는 특별한 조직을 만들어 잎을 떨어뜨리는 일이다. 건조해지고 추워지는 겨울을 나기 위해 불필요한 부분은 제거하는 나무의 생존법인 것이다.

　여성의 몸에도 이와 비슷한 일이 벌어진다. 여성호르몬인 에스트로겐은 모발이 잘 성장하도록 돕는 역할도 하는데, 30대 후반부터는 이 에스트로겐이 줄어들기 시작한다. 나무로 생각하면 광합성을 하지 못하고 에너지가 점점 부족해지는 것과 같다.

지루성두피염이나 자가면역질환성 탈모가 아니라 여성형 탈모가 문제라면 머리카락에 집중하기보다는 신체 기능 향상을 위한 근본적인 노력을 기울이는 게 중요하다. 모낭은 인체에서 대사 활동이 활발한 부분이기 때문에 신진대사율을 올리도록 노력하면 모낭도 튼튼하게 할 수 있다.

화목 난로를 본 적이 있는가? 시골이나 겨울 캠핑장에 가면 흔히 볼 수 있는 화목 난로는 나무를 때어 열을 만드는 난방 기구다. 우리 몸을 구성하는 세포에도 우리가 섭취한 영양소로 에너지를 만드는 '미토콘드리아'라는 작은 난로가 있다. 나이가 들면 신진대사의 효율성은 자연스럽게 떨어지지만 의식적으로 에너지 공장인 미토콘드리아를 잘 가동하면 똑같은 영양소를 섭취해도 더 효율적으로 에너지를 만들 수 있다.

미토콘드리아는 몸이 사용할 수 있는 에너지의 최소 단위인 ATP(아데노신삼인산)를 만들기 때문에 이 작은 난로가 잘 작동하느냐 그렇지 못하느냐가 활력 있는 삶을 결정짓는 중요한 역할을 한다. 단백질·지방·탄수화물 형태로 음식에 저장된 에너지는 미토콘드리아 속 산소와 만나 에너지를 생산하고, 이 과정이 원활하지 못하면 우리는 죽을 수도 있다. 어떤 음식은 깨끗하게 에너지를 만들지만, 가공식품같이 좋지 못한 음식은 에너지를 만드는 과정 중 활성산소를 많이 만들어 내 몸을 산화시키고 만성염증과 노화의 원인이 된다. 따라서 효율적이지만 찌꺼기는 적은 연료 공급이 필요한 것이다.

'미토콘드리아'의 효율을 높이자

미토콘드리아를 잘 태우기 위해서도 여러 영양소가 필요하다. 비타민B군, 코엔자임Q10, 카르니틴, 아연, 마그네슘, 셀레늄, 오메가3, 리포익산, N-아세틸시스테인, 비타민E, 비타민K, 황 등 영양소가 있으면 화력은 더욱 좋아진다. 하지만 대부분 사람의 식단에는 이런 영양소가 많이 부족해 신형 난로일 때는 몰라도 구형 난로가 되면 효율이 급속도로 떨어진다.

그렇다면 어떤 음식을 더 신경 써서 먹어줘야 할까? 블루베리, 석류, 브로콜리, 올리브유, 아보카도, 아몬드, 그리고 건강하게 풀을 먹여 기른 소고기에는 우리의 작은 난로를 태우기에 아주 깨끗한 연료가 들어 있다. 에너지가 딸리고 기력이 없다면 아보카도에 아몬드 밀크를 넣고 갈아 마시거나, 블루베리나 석류 주스를 한 잔씩 마시는 것도 좋은 방법이다.

여기에 모발의 주성분인 단백질이 풍부한 콩, 달걀, 살코기를 함께 먹어준다면 잎이 떨어진 자리에 새싹이 자라듯 튼튼한 머리카락이 다시 잘 자랄 것이다. 모낭세포에 영양소를 더 잘 운반하도록 혈액순환을 도와주는 운동까지 해준다면 탈모 걱정과는 어느 정도 작별할 수 있지 않을까?

탈모 진단하기

하루 100개 이상 모발이 빠지면 탈모라고 정의할 수 있다. 그렇다면 매일 머리카락 수를 헤아려봐야 할까? 간단히 자가 테스트하는 방법이 있다. 비슷한 면적으로 정수리와 후두부 쪽 모발을 각각 집어 숱의 밀도를 비교해보는 것이다. 후두부 모발은 거의 탈모가 생기지 않는 부위여서, 정수리와 비교했을 때 정수리 모발의 밀도가 크게 낮다면 탈모를 의심해볼 수 있다. 그 밖에 이마가 점점 넓어지거나 앞머리 볼륨이 눈에 띄게 없어졌다면, 특히 두피가 가렵고 비듬이 심해지는 등 지루성두피염 증상까지 보인다면 병원에서 정확한 문제와 원인을 검사하는 것이 좋겠다.

나의 탈모 원인은?

; 다이어트조차
내 맘 같지 않은 나이

　　미진 씨가 진료실을 찾아온 날은 봄바람이 불기 시작한 이른 봄이었다. 동글동글 귀여운 얼굴의 미진 씨는 놀랍게도 서른다섯, 세 아들의 엄마라고 자신을 소개했다. 지난해 셋째를 출산하고 살을 빼려 온갖 다이어트와 운동을 시도했는데 효과는 그때뿐이었다고 이야기했다. 금방 요요가 찾아와 오히려 살이 더 쪘다며 마지막으로 다이어트약을 처방받고 싶다는 거였다.

　　"연예인들 보니 산후 관리를 잘해서 예전보다 더 날씬해지기도 하던데 저는 왜 이런지 모르겠어요. 결혼 전 모습까지 바라진 않지만, 애 셋 딸린 펑퍼짐한 아줌마로 보이고 싶진 않아요. 약 좀 강하게 처방해주세요."

　　"건강이 안 좋은 상태에서 무리하게 식욕만 억제해서 몸무게를 감량하면 나중에 더 살 빼기 힘든 몸이 될 수도 있어요. 처음에는 살이 빠지는 것처럼 보이지만 결과적으로 신진대사율이 떨어져서 약을 끊으면 금방 요요가 올 수밖에 없거든요. 특히 미진 씨 연령대에는 가만히 있어도 신진대사율이 떨어져요. 무리하게 교감신경을 자극해 몸을 스트레스 상태로 만드는 방법으로 식욕을 억제하는 다이어트약은 오히려 독이 될 수 있어요. 신진대사율을 올리는 방법이 근본적인 치료가 될 거 같은데, 어떻게 생각하세요?"

절박한 심정에서 식욕억제제 처방을 원하는 미진 씨에게 신진대사율을 높여 몸을 회복하는 다이어트를 해보자고 설득했다. 하지만 약을 먹고 하루빨리 몸에 붙은 지방 덩어리를 제거하고 싶은 사람에게 지속가능한 다이어트법을 제안했을 때 돌아오는 반응은 경험상 두 가지 중 하나다.

"너무 좋은 말씀이지만 저는 빨리 살을 빼고 싶어요. 그냥 센 약 지어주시면 안 되나요?" 또는,

"알겠어요, 선생님. 노력해볼게요. 그런데 약도 같이 주세요. 먹으면서 노력할게요"였다.

혹시나 하고 물어봤지만 역시나. 미진 씨는 올바른 길이지만 오랜 시간과 인내를 요구하는 방법보다, 실패할 확률은 높지만 빠르고 쉬운 길을 원했다.

살찌지 않는 몸의 비결은 신진대사에 있다

나도 가끔 꼭 필요한 경우 단기간 다이어트약을 처방할 때도 있다. 하지만 식욕억제제는 근원적인 해결책이 아니어서 되도록 다른 방법으로 다이어트하길 권한다. 병원을 찾는 사람들은 보통 한 달 뒤 맞지 않는 웨딩드레스를 입어야 하는 신부도, 대회를 준비하는 모델 지망생도 아니기 때문이다. 35세가 넘어가면 우리 대부분은 신진대사가 현저히 느려지기 시작한다. 이를 무시하고 중추신경계를 자극해 일시적으로 배고픔을 덜 느끼게 하는 약물을 복용하면, 불면증이 생기거나 약에 대한 의존성과 내성을 유발해 약을 끊었을 때 반드시 요요가 찾아온다.

이런 위험성 때문에 펜터민 같은 소위 '비만약'은 체질량지수가 너무 높아서 위험한 사람 또는 고혈압·당뇨·고지혈증 같은 위험 인자가 있는데 살을 빼야 하는 비만 환자에게 아주 단기적으로 처방한다. 그런데 문제는 이렇게 잠재적 부작용이 큰 약이 최근 무분별하게 남용되고 있다는 데 있다.

미진 씨가 다시 진료실을 찾은 것은 그로부터 몇 개월이 지나 여름 더위가 한창 기승을 부릴 때였다. 귀여운 막내를 아기 띠에 매고 온 모습이 약간 힘겨워 보였다. 예상한 대로 미진 씨는 다른 병원에서 다이어트약을 처방받아 5개월 정도 복용했다고 실토했다. 보통은 식욕 억제제의 부작용을 피하고자 3개월 이상 연속 처방은 해주지 않는데, 처음 약을 지은 병원에서 연장해주지 않자 다른 병원에 가서 처방받 았다고 했다.

처음에는 입맛이 없어 비교적 쉽게 살이 빠졌다고 한다. 문제는 시 간이 지날수록 같은 양의 약만으로는 처음과 같은 효과가 나지 않는 다는 거였다. 조금씩 밥 먹는 양이 늘다 보니 체중이 원상태로 돌아왔 고, 그러다 보니 3개월 이상 복용하지 말라는 의사의 권고도 무시하 고 이 병원 저 병원을 다니며 계속 약을 먹게 되었다고 했다. 설상가 상으로 3개월째부터는 불면증과 우울감이 생겨 아이들 돌보기도 귀 찮아졌다고 했다. 5개월쯤 되었을 때 더는 안 되겠다 싶어 약을 끊었 더니 요요가 찾아와서 독하게 뺀 살이 모두 제자리로 돌아왔다. 미진 씨가 내 말을 떠올린 것이 그때쯤이었다.

다이어트약을 먹으면 당장 쉽게 체중을 감량할 수 있지만, 약의 도 움 없이 몸무게를 유지하려면 초인적 인내심이 필요하다. 신진대사는 머리부터 발끝까지 몸을 구성하는 세포, 호르몬, 물질 들이 신체 기능 을 유지하기 위해 서로 긴밀히게 연락을 주고받는 회학 전달 과정이 다. 크게는 우리가 먹은 음식을 소화하는 일부터 작게는 세포 내 미토 콘드리아에서 이 영양소들을 이용해 ATP를 만드는 일까지 모두 신 진대사의 영향을 받는다. 이러한 일련의 신호 전달 체계가 얼마나 효율적인지에 따라 열량이 타는 속도에 영향을 끼쳐 체중, 활력, 노화에도 영향을 준다는 말이다.

어떤 사람은 아무리 먹어도 살찌지 않는데 어떤 사람은 물만 먹어도 살찐다고 이야기하는 이유가 여기에 있다. 사람들은 저마다 타고난 유전적 소인부터 소화력까지 모두 다르니 어찌 보면 당연한 결과다.

우리 노력에 따라 바뀌는 신진대사율

다이어트하기가 너무 어렵다고 실망한 분이 계실까? 미리 낙심할 필요는 없다. 신진대사의 속도는 나이뿐만 아니라 갑상선호르몬, 식습관, 음식의 질, 환경오염, 스트레스, 운동 등 여러 요소에 영향을 받기 때문에 유전적으로 대사 효율이 낮은 사람들도 얼마든지 노력하면 초강력 신진대사로 바뀔 수 있다.

수십 년 동안 현대의학으로 해결되지 않는 난치성질환을 기능의학적 관점으로 치료해 많은 성과를 내고 있는 미국의 의학박사 마크 하이만도 건강한 신진대사를 원한다면 7가지 관점에서 노력을 기울여야 한다고 말한다. 장 건강, 스트레스 관리, 만성염증 조절, 세포 산화 줄이기, 에너지 대사의 효율성 높이기, 갑상선호르몬의 균형, 생활 속 독소 줄이기 등, 이 7가지 열쇠로 신진대사를 이해해 관리하면 평생 살찌지 않고 활력 넘치게 살 수 있는 기반을 닦을 수 있다고 말이다.

약간 난해하게 들릴 수 있겠다. 하지만 쉽게 한 줄로 요약도 가능하다. 스트레스받지 않고, 건강하게 잘 먹고, 운동하고, 잘 자는 것! 그렇게 해서 의학의 아버지인 소크라테스가 2000여 년 전부터 주장해온 '내 안의 치유자'를 일깨우는 것이 바로 절대 지치지 않는 최강의 신진대사 환경을 만드는 방법이다. 그리고 미진 씨가 그토록 원하는 절대 살찌지 않는 건강한 몸을 만드는 유일한 길이기도 하다.

습관 처방

다이어트 다이어리 쓰기

의기소침해진 미진 씨에게 '살찌는 몸'에서 '가만히 있어도 살 빠지는 몸'으로 바뀔 수 있는 다이어트 습관을 설명하고 계획을 세웠다. 습관을 몸에 익히기 위해 습관 다이어리를 쓰도록 권유했다. 다이어트가 목적이라면 매일 먹은 음식, 운동량 등을 기록한 다이어리 쓰기를 권한다. 다이어리의 맨 앞장은 '내가 왜 살을 빼고 싶은가'에 대한 진지한 고민을 써보길 바란다. 다이어트는 힘든 과정이다. 이를 즐기고 끝까지 완주해내기 위해서는 목적이 뚜렷해야 한다.

아무리 애써도 살 안 빠지는 사람이 모르는 것

    2주 뒤 진료실을 다시 찾은 미진 씨는 약속대로 식단을 적어왔다. 제한된 진료 시간에 더 많은 도움을 드리기 위해 나는 종종 환자분에게 생활 습관을 적어오시라 요청한다.

    "나름 신경 쓰고 있는데 왜 몸무게가 제자리걸음일까요? 결혼 전에는 50킬로를 넘은 적이 없었어요. 열량을 더 줄여야 할까요? 지금도 배고플 때가 많은데……."

    "열량은 지금보다 더 늘려도 될 것 같아요."

    "지금도 살이 안 빠지는데 열량을 더 늘리라고요?"

    미진 씨가 깜짝 놀란 표정으로 쳐다봤다.

    "저를 믿으세요. 다만 지금은 영양결핍과 무리한 다이어트로 낮아진 신진대사율을 정상으로 되돌려야 하는데, 지금 먹는 음식 종류를 바꿔야 해요."

"지금도 파스타, 빵, 튀김, 탄산음료 들은 거의 안 먹는데……."

확실히 미진 씨의 식단에는 노력의 흔적이 느껴졌다. 하지만 '빈 열량' 음식의 비율이 상대적으로 높았다. 허기지다고 느끼는 것도 음식이 위장을 통과하는 시간이 짧은 빈 열량 위주의 식단 때문이었다. 다음은 미진 씨의 하루 식단 중 하나다.

아침 겸 점심: 봉골레 파스타, 레모네이드
저녁: 햄달걀 볶음밥

먼저 봉골레 파스타는 밀로 만든 탄수화물 요리다. 햄달걀 볶음밥도 마찬가지다. 가공육을 기름에 볶아 흰쌀밥을 더한 것이니, 이날 미진 씨가 종일 먹은 음식은 밀가루와 백미를 기반으로 한 탄수화물 중심의 식품인 셈이다. 밀이나 백미는 현미 같은 통곡물과 근본적으로 다르다. 부드럽게 먹으려 통곡물이 가진 다양한 비타민과 미네랄은 모두 벗겨 없애버렸으니 한마디로 신진대사에 필요한 필수 영양소는 쏙 빠진 빈 열량 식사다. 늘 힘없고 배고픈 상태이다 보니 식사를 해도 만족스럽지 않고 살도 빠지지 않는 게 당연하다.

레모네이드는 탄산수에 설탕이 가미된 레몬청으로 만들기에 비타민C가 좀 더 들었을 뿐 콜라나 사이다와 크게 다를 게 없다. 빈 열량의 또 다른 주범이 혈당을 치솟게 하는 설탕과 과당이란 점을 생각해보면 더욱 그렇다. 이들은 열량의 원천이 되지만, 인슐린과 혈당의 적절한 균형을 위해 필요한 비타민D·크롬·마그네슘·아연·바이오틴·오메가3·알파리포산과 같은 항산화제는 없다. 식품첨가물로 많이 사용되는 액상과당(옥수수시럽)도 모두 빈 열량 식품의 주범이다. 이런 식단을 지속하면 우리 몸의 생화학적 기제는 약해지고, 인슐린 저항성은 커지며, 혈당은 춤을 추고, 점점 살찌는 몸으로 바뀐다.

식단에 채소가 없다시피 한 것도 빈 열량 비만을 만드는 중요한 원인이다. 대사율을 올릴 때 가장 중요한 일은 우리 몸속 에너지 공장이라고 할 수 있는 미토콘드리아가 에너지를 잘 만들 수 있도록 필요한 영양소를 공급해주는 일이기 때문이다. 우리는 식단을 칼로리 중심에서 영양소 중심으로 바라볼 필요가 있다. 채소와 과일에 있는 피토케미컬에는 대사에 필요한 갖가지 영양소가 풍부하게 들어 있다.

'얼마나 먹느냐'보다 '무엇을 먹느냐'

채소의 피토케미컬은 항산화, 항염 작용을 하는 물질이 풍부해 신진대사를 저해하는 여러 유해 물질을 제거하고, 대사를 높이는 데 필요한 비타민과 미네랄 등 많은 영양소를 제공한다. 풍부한 식이섬유소가 장을 통과하며 몸에 독소로 작용할 만한 것들을 모두 쓸어가는 모습을 상상해보라. 식이섬유소는 우리 몸이 살찌지 않는 몸으로 바뀌는 데 중요한 역할을 한다. 쉽게 소화되지 않고 포만감을 느끼게 해주니 신선하게 재배된 채소는 현대인이 먹을 수 있는 최고의 건강식품인 셈이다.

그렇다면 채소는 어느 정도 먹어야 효과가 있을까? 점심을 한 접시에 담는다고 가정할 때 접시의 반은 어떤 형태로든 채소로 채워 먹는 연습을 해보면 좋다. 이왕이면 알록달록 여러 색상으로 먹으면 좋은데, 열에 의해 효소가 파괴되지 않은 생채소를 먹는 게 가장 좋겠지만 혹시 위장이 약하다면 굽거나 찌거나 채소 수프로 조리해 먹어도 좋다. 핵심은 '먹는 양의 절반'을 채소로 채우는 것이다.

나는 가끔 환자들에게 접시에 있는 채소량을 75퍼센트까지 늘려 섭취하면 우리도 코끼리처럼 병에 걸리지 않고 장수할 수 있다고 설명한다. 코끼리는 외모와 달리 어마어마한 채식주의자이다. 큰 체구를 오로지 채식으로만 유지하다 보니 종일 풀과 나무를 뜯어 먹는다. 막상 먹은 음식은 40퍼센트밖에 소화하지 못해 똥을 보면 건초 같은 게 그대로 보일 정도이다. 흥미롭게도 코끼리는 수명이 60~70년 정도로 길지만 사람과 달리 암에 걸리지 않는다. 암을 억제하는 유전자를 더 많이 가지고 있기도 하지만, 채식 위주 식습관 덕분에 세포 돌연변이를 유발하는 독소가 장에 오래 머물지 못하는 게 원인이라는 이야기도 있다. 나는 그 말에 일리가 있다고 생각한다.

나는 현대에 늘어나는 암질환과 성인병이 대부분 우리가 풀을 적게 먹는 데서 기인한 게 아닐까 생각한다. 석기시대 우리 선조도 수렵활동을 했지만, 현대인처럼 삼시세끼 육류를 빼놓지 않고 먹진 않았다. 게다가 그때 먹은 육류도 공장식 사육시설에서 GMO 사료를 먹으며 자란 동물이 아니라 신선한 풀을 뜯어 먹고 자유롭게 뛰어다닌 자연의 동물이란 점도 주목해볼 만하다.

습관 처방

하루 두 번 채소 챙겨 먹기

바쁜 일상 중에 채소를 챙겨 먹기란 쉽지 않다. 그래서 채소찜을 추천한다. 나는 아침 운동 시작 전에 무, 호박, 당근, 양배추, 애호박 등을 먹기 좋게 잘라 찜기에 익힌다. 운동을 마치고 올리브유와 천일염으로 간을 해 현미밥과 먹으면 생각보다 많은 채소를 골고루 섭취할 수 있다. 특히 위장이 약한 사람은 생채소를 소화하기 어려울 수도 있어 가볍게 쪄서 먹길 추천한다. 종일 속이 편하고 활력도 넘친다.

채소를 많이 먹을 수 있는 두 번째 방법은 쌈으로 먹는 것이다. 쌈밥은 밥보다 채소를 많이 먹을 수 있는 한국인만의 방식이기도 하다. 살코기나 두부 같은 단백질류를 싸서 먹어도 좋다.

어떤 방법이든 상관없다. 우리의 목표는 하루 두 끼 채소 먹기의 생활화이다!

무엇을 먹고
무엇을 먹지 말아야 할까?

미진 씨의 몸은 느리지만 천천히 회복돼가고 있었다. 조금씩 식단을 조절하면서 고질병이었던 입 주위 피부염도 사라졌다며 기뻐했다.

"채소를 평소보다 더 많이 먹고 있긴 한데, 다른 음식은 어떻게, 얼마나 먹어야 할지 막막해요. 선생님께서 알려주실 수 있을까요?"

"영양소의 가장 기본은 탄수화물, 단백질, 지방이에요. 여기에 적은 양으로도 우리 물질대사와 생리작용에 많은 영향을 미치는 비타민과 무기질을 합쳐서 5대 영양소라고 하죠. 들어보셨어요?"

미진 씨가 학교 다닐 때 들어봤다며 고개를 끄덕였다.

"우리 몸을 구성하고 제대로 돌아가게 하는 데 각각의 영양소는 필수적이에요. 탄수화물이 부족하면 일에 집중하기가 어렵고 활력이 떨

좋은 음식, 나쁜 음식, 이상한 음식 정리표

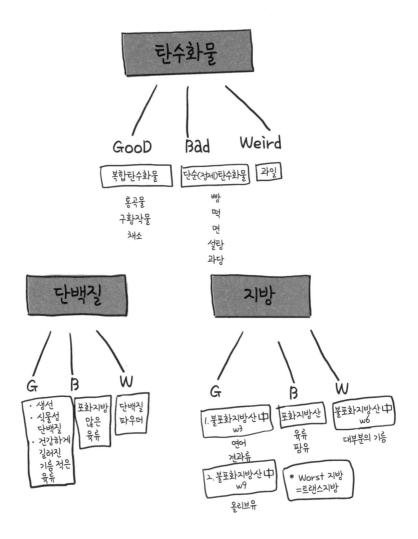

어져요. 단백질이 부족하면 면역력이 나빠지고 성장발달이 느려지죠. 비만의 주범처럼 여겨지는 지방도 건강에 중요한 역할을 해요. 주요 호르몬을 만들 뿐 아니라 뇌의 65퍼센트가 지방으로 돼 있거든요."

"그런데 다이어트할 때는 탄수화물을 완전히 끊어야 한다든가, 지방을 조심해야 한다든가, 다들 다르게 이야기하잖아요?"

"분명히 말씀드리지만, 각각의 영양소 자체에는 죄가 없어요. 다만 어떤 탄수화물, 어떤 지방, 어떤 단백질을 먹느냐가 중요한 거죠. 음식에도 좋은 놈, 나쁜 놈, 이상한 놈이 있어요."

영양소에는 죄가 없다

좋은 놈, 나쁜 놈, 이상한 놈이라니, 그게 무슨 말일까? 신체와 뇌에 에너지를 공급하고 소화기관과 면역 건강에도 관여하는 탄수화물부터 살펴보자. 탄수화물은 크게 단순탄수화물과 복합탄수화물로 나뉘는데 앞서 말했듯 빵, 떡, 면처럼 먹기 부드럽게 가공된 단순탄수화물, 즉 정제탄수화물은 '나쁜 탄수화물'이다. 인기가 좋은 케이크, 떡볶이, 순대, 파스타 같은 음식이 그렇다. 이런 음식은 당을 순식간에 솟구치게 해 일시적으로 뇌를 즐겁게 해줄 수 있을진 모르지만, 인슐린 저항성을 높이고 몸을 만성염증 상태로 만들어 몸 이곳저곳에 쓸데없는 지방을 쌓는 주범이다.

'이상한 탄수화물'도 있다. 바로 과일이다. 과일은 자연산이니 당연히 몸에 좋다고 생각할 수 있다. 물론 가공된 설탕이나 과당과는 차원이 다르지만, 과일 역시 천연 과당을 함유하고 있어서 언제, 어떤 식으로, 얼마나 먹느냐에 따라 약이 되기도 독이 되기도 한다. 과일은 길어도 1시간이면 모두 소화될 정도로 많은 먹거리 중에서도 흡수가 빠른 음식인데 이런 특성은 양날의 검이다. 소화에 필요한 에너지가 적고 양질의 에너지를 공급한다는 측면에서 훌륭하지만, 과잉 섭취 시 혈당 조절이 어려워 지방간과 뱃살의 원인이 되기 때문이다. 또 소화에 많은 시간이 필요한 다른 영양소와 함께 먹으면 위장에서 부패할 수 있어 너무 과하지 않게, 다른 음식과 섞어 먹지 않는 게 원칙이다.

현미 같은 통곡물, 고구마 같은 구황작물, 온갖 채소에 있는 탄수화물은 섬유질이 많고 천천히 소화 흡수돼 혈당을 안정시키고 에너지를 장시간 유지해주는 '좋은 탄수화물'인 복합탄수화물이다. 물론 좋은 탄수화물도 과하게 먹으면 살찐다는 점 잊지 않길 바란다. 뭐든 '적당히'가 중요하다.

지방은 무조건 나쁜 걸까?

뇌와 신경세포를 구성하는 주요 성분으로서 세포막을 구성하고 체온 유지에 관여하는 지방은 크게 포화지방산과 불포화지방산으로 나뉜다. 또 불포화지방산은 오메가9인 단일불포화지방산과 오메가3·오메가6로 대표되는 다가불포화지방산으로 나뉘는데, 일부 불포화지방산은 체내에서 합성되지 않아 식물성 기름과 생선 등 꼭 음식으로 섭취해야 한다.

필수지방산의 하나인 오메가3는 혈관 건강을 지키고 만성염증을 낮추는 데 중요한 역할을 한다. 연어·청어·멸치 같은 자연산 생선과 치아시드·호두·호박씨 같은 견과류에 풍부한데, 의식적으로 챙겨 먹지 않는 한 우리 식탁에 올라오기 쉬운 음식은 아니다. 특히 연어나 참치 같은 큰 양식 생선은 수은 함량이 높아 조심해야 하기 때문에 35세 이후부터는 오메가3를 영양제로 복용하길 권한다.

챙겨 먹으면 좋은 두 번째 불포화지방산은 지중해식 식단에 많이 사용되는 올리브유다. 대표적 단일불포화지방산인 올리브유는 강력한 항산화 물질인 페놀이 함유되어 혈압·혈당·콜레스테롤 수치를 낮추고 혈액을 정화하는 데 도움을 준다. 혈관 건강에 신경 써야 하는 40대 이후 여성에게 오메가3가 풍부한 들기름과 함께 추천하고 싶은 기름이다.

반면 포화지방은 지나치게 섭취하면 혈관을 탁하게 해 심혈관질환의 주요 원인이 될 수 있는 '나쁜 지방'이다. 소고기·돼지고기 등 동물성 지방에 많지만 식물성 기름인 팜유나 코코넛유에도 많이 함유돼 있다. 값도 싸고 산패도 덜 되는 팜유는 라면·과자·튀김에 흔히 사용되므로 섭취에 주의가 필요하다.

하지만 가장 최악의 지방은 따로 있다. 바로 가짜 지방인 트랜스지방이다. 트랜스지방은 식품 가공단계에서 불포화지방산인 식물성 기름을 변형한 결과물이다. 버터가 부족하던 시절 식물성 기름에 수소를 첨가해 가짜 버터로 개발된 마가린이나 쇼트닝 shortening 같은 부분경화유에는 트랜스지방이 많이 함유돼 있다. "저는 트랜스지방 안 먹는데요?"라고 반문할 수도 있겠지만 이 지방들은 썩지 않기 때문에 상업적으로 가공되거나 포장된 거의 모든 제품에 숨어 있다. 과자 뚜껑을 열어놓고 수개월이 지나도 썩지 않는 이유를 생각해보자.

그렇다면 '이상한 지방'은 무엇인가? 오메가3와 함께 필수지방산 중 하나이지만 섭취시 주의가 필요한 오메가6가 여기에 해당한다. 참기름, 해바라기씨유, 대두유, 옥수수유 등 대부분의 기름이 여기 포함된다. 소량으로 적당히 먹었을 때는 건강상 이점이 있지만 오메가3 섭취 비율이 낮고 오메가6만 과잉 섭취했을 때 몸에 염증반응이 생길 수 있고, 인슐린 저항성과 우울증, 고혈압이나 뇌졸중, 비만의 원인이 될 수 있다. 따라서 세계보건기구는 오메가3와 오메가6를 1대 4의 비율로 섭취할 것을 권장한다. 참기름이나 해바라기씨유 같은 기름은 맛을 낼 정도로 아주 소량씩 먹길 추천한다.

신비한 단백질의 세계

어떤 단백질이 좋은 단백질이냐에 대해서는 학자마다 의견이 분분하다. 연구 논문이나 역학조사도 어떤 의도로 실행하느냐에 따라서 결과가 달라질 수 있고 또 그것을 근거로 각기 다른 주장을 펼칠 수도 있기 때문이다. 이런 상황에서 어떤 정보를 믿어야 하는지 여간 헷갈리는 게 아니다. 하지만 세계적인 생화학자이자 미국 서던캘리포니아대학교에서 장수연구소를 이끄는 발터 롱고 박사의 종합적인 분석과 연구 결과는 참고할 만해 보인다.

발터 박사는 먼저 최대한 식물성 음식과 생선으로 식탁을 채우려고 노력하되 생선은 일주일에 두 번에서 세 번 정도 섭취하고 수은 함량이 높은 참치·황새치·고등어·대형 넙치 등은 피하길 권고한다. 또 65세 이상이 되어 근육·체력·몸무게가 감소하기 시작한다면 장수 인구 식단에서 흔히 발견되는 동물성 음식인 달걀, 페타 또는 페코리노 같은 특정 종류 치즈, 염소젖으로 만든 요구르트 등과 생선 섭취량

을 늘릴 것을 조언한다. 콩과 견과류에 포함된 식물성단백질, 생선, 달
걀, 특정 종류 치즈, 요거트 등이 건강상의 유해 걱정 없이 장수인들
이 즐겨 먹는 좋은 단백질이다.

논란의 여지는 있지만 과량 섭취시 혈관을 탁하게 하는 필수지방
산이 많이 함유된 동물성 단백질은 주의할 필요가 있다. 소고기 같은
적색육은 필수 아미노산을 많이 함유하고 있어 적당히 먹을 시 건강
에 해롭지 않다는 주장도 있지만, 전통적으로 육식을 기본으로 하지
않았던 우리나라의 유전적 배경을 고려해 볼 때 식물성단백질과 생선
을 기본으로 하되 과하지 않게 친환경적으로 기른 적색육을 먹길 추
천한다.

마지막으로 단백질 계의 이상한 놈은 단백질 파우더다. 최근 근육
을 만들기 위해 많은 이들이 단백질 파우더를 이용하는데, 미국 브리
검 여성병원 영양감독 캐시 맥마너스는 하버드 의학대학교에서 운영
하는 온라인 저널《하버드 헬스 퍼블리싱》에서 "암과 싸우는 중이라
제대로 식사를 할 수 없는 등 특별한 경우가 아니라면 단백질 파우더
를 먹지 말라"고 경고했다. 단백질 파우더는 건강보조식품이라 성분
함량을 정확히 감독할 수 없다는 점, 장기적인 부작용에 대한 데이터
가 충분하지 않다는 점, 당분 함량이 지나치게 높아 혈당을 올릴 수
있다는 점 등을 근거로 제시했다. 무엇보다 문제되는 것은 일부 제품
에서 납·비소·카드뮴·수은 등 중금속과 비스페놀A, 살충제 등 독성

물질을 발견했다는 점이다. 약이 아니기 때문에 정확한 감독을 할 수 없다는 점이 역시 문제가 되는 중요한 지점이다.

매일 오메가3 먹기

35세 이상 여성에게 반드시 챙겨 먹으라고 권하는 영양소 중 한 가지다. 자연 상태 음식에는 흔하지 않아 의식적으로 챙겨 먹지 않으면 부족해지기 쉽다. 몸을 염증 상태에서 보호하기 위해 필수적인 영양소이므로 틈틈이 보충해주는 게 좋다. 영양소를 챙겨먹기 힘들다면 치아씨드를 추천한다. 치아씨드는 오메가3가 풍부하다. 멕시코 남부 원산의 식물인 치아 종자를 말하는데 필수아미노산, 오메가3 지방산, 식이섬유 등 체내에서 합성할 수 없는 필수 영양소를 풍부하게 함유한 슈퍼푸드 중 하나다. 포만감을 얻을 수 있어 다이어트 식품이기도 한데 수분 흡수 능력이 뛰어나 열두 배가량의 물을 빨아들일 수 있다.

바나나 치아씨드 푸딩 만드는 법(1인분 기준)

1. 치아씨드 한 큰술, 아몬드 밀크 100ml, 바나나 1/2개, 블루베리 7알, 그래놀라 약간(그밖에 토핑은 취향대로), 꿀 등을 준비하세요.

2. 아몬드 밀크에 치아씨드와 꿀을 넣고 잘 섞은 후 냉장고에 넣고 개구리 알처럼 변할 때까지 하루 정도 불려둡니다.

3. 불린 치아씨드에 토핑 재료를 보기 좋게 넣습니다.

4. 맛있게 드세요!

피로는
정말
간 때문일까?

수십 년 쌓인 '독소'로부터
면역 지켜내기

; '언제 먹는가'가
내 몸을 결정한다

소라 씨가 병원에서 측정한 키와 몸무게는 155센티에 65킬로였다. 체질량지수(BMI)가 27이니 비만에 속했다. 그런데 그녀의 키와 몸무게보다 걱정되는 것은 살 대부분이 복부에 몰려 있다는 것이었다. 팔다리에 비해 복부가 풍만한 이른바 거미형 체형이었다.

사실 소라 씨가 진료실에 처음 들어왔을 때 나는 그녀의 생활 습관이 안 좋을 거라 막연히 짐작했다. 소라 씨의 체형은 복부 장기에 지방이 잔뜩 낀 전형적인 내장지방형이었는데, 보통 내장지방형은 정제 탄수화물과 트랜스지방 중심의 식습관 때문에 인슐린 저항성이 악화돼 생기기 때문이었다. 하지만 직접 들은 그녀의 생활 습관은 생각보다 훌륭했다.

소라 씨는 하루 일정량의 칼로리 섭취를 넘지 않으려 애썼다. 즉석

식품은 물론 당과 지방이 많은 고열량 음식도 먹지 않았다. 다이어트 할 때 필수 영양소가 부족해지기 쉽다는 걸 알고 비타민과 오메가3를 챙겨 먹었고, 체형 교정을 위해 필라테스도 했다. 하지만 이런 완벽한 그녀에게 치명적 약점이 있었으니, 바로 습관적 야식이었다.

소라 씨는 프리랜서 번역가였다. 집중하기 좋은 야간에 주로 작업을 하는데 문제는 밤만 되면 통제되지 않을 정도로 배가 고파진다는 거였다. 한번 꼬르륵 소리가 나면 도무지 집중하기 어려워 자정이 되면 자신도 모르는 사이 음식 배달을 주문했다. 그리고 다음날에는 야식에 대한 죄책감으로 온종일 굶다시피 했다.

"선생님, 제가 해보지 않은 다이어트가 없어요. 물만 먹어도 살찌는 체질이 바로 저인가 봐요. 하루에 제가 먹는 열량을 다 계산해봐도 1,000칼로리밖에 안 돼요. 남들 먹는 거에 절반밖에 안 먹는걸요. 그런데 요즘엔 손발도 자주 붓고 컨디션도 너무 안 좋은데…… 혹시 제게 무슨 문제가 있는 걸까요?"

"소라 씨, 혹시 일본 스모 선수를 보신 적 있으세요?"

"스모 선수요?"

"체격이 작은 일본인이 100킬로가 넘는 거구가 되기 위해 쓰는 전략이 있어요. 아침에 일어나 강도 높은 훈련을 하고 아주 허기진 상태에서 점심을 먹고, 낮잠을 자고, 다시 일어나 거하게 저녁을 먹고, 또 자는 식이에요. '먹고 자기'가 살찌기 필승 전략인 거죠."

맞아요, 야식이 문제입니다

야간에 머리 쓰는 일을 하는 사람들 치고 야식을 안 먹는 사람은 드물다. 뇌는 활동하기 위해 포도당을 연료로 쓰기 때문이다. 특히 낮 동안 다이어트하느라 절식까지 한 소라 씨는 야식의 유혹을 참기 어려웠을 것이다. 거미형 체형을 바꾸고 내장지방을 줄이고 싶다면 먼저 종달새가 되는 연습을 해야 한다. 필패 전략에서 필승 전략으로 갈아타야 한다는 것이다.

사실 사람의 생체리듬은 해가 뜨고 지는 하루 주기의 영향을 받는다. 이 주기를 거스르면 몸에 혼란이 생겨 호르몬은 물론 신진대사에도 악영향을 준다. 뉴욕타임스 최장기 베스트셀러 작가이자 내과 의사인 마이클 로이젠은 그의 책《내 몸은 언제 먹는가로 결정된다》에서 '식사는 해가 떠 있는 동안 할 것'과 '오후 2시 이전에 하루 섭취량 3분의 2 이상을 먹을 것' 등을 이야기하며 생체리듬에 따른 식사 습관의 중요성을 강조한다. 생체시계는 호르몬 주기와 같이 돌아가기 때문이다.

예를 들어 우리 몸은 아침에 인슐린에 가장 민감하게 반응하는 반면, 야간으로 갈수록 인슐린 저항성이 커진다. 인슐린 저항성이 높다는 말은 같은 양의 음식을 먹더라도 혈당이 높게 유지된다는 뜻이다.

6년간 1,200명 이상의 사람을 추적 관찰한 결과 하루 섭취 열량 중 밤에 섭취하는 비중이 높은 사람은 그렇지 않은 사람에 비해 비만, 대사증후군, 지방간 발생 위험이 훨씬 높게 보고된 것도 이와 관련 있을 것이다.

생체리듬을 원상태로 돌리는 것은 결코 쉬운 일이 아니다. 하지만 오늘부터 일어나는 시간을 한 시간씩 당겨보는 건 어떨까? 어렵다면 일주일에 20분, 10분씩 당겨도 된다. 우리의 최종 목표는 오전 6시 기상이다. 그러면 서서히 몸이 피곤함을 느껴 조금씩 일찍 잠들 수 있을 것이다. 일어난 뒤에는 15분 정도 밖에 나가 온몸으로 햇볕을 쬐며 내 몸 생체시계에 신호를 주는 것도 도움이 된다. 생체시계는 매일 15분씩 느려지는데, 햇볕을 쬐면 뇌의 특정 부위가 신호를 받아 다시 원상태로 맞춰지는 과정을 반복한다.

다음은 내가 소라 씨에게 간단히 적어 건넨 쪽지 내용이다.

오전 4시~정오, ★배출 주기★

몸이 노폐물을 제거하는 청소 시간! 해독을 방해하지 않도록 전날 저녁 식사 시간, 소화 능력, 해독 능력 등을 고려해 아침 메뉴를 선택하세요.

정오~오후 8시, ★섭취 주기★

활동이 왕성한 시간! 대부분의 음식 섭취를 이 시간 안에 끝내도록 하세요.

오후 8시~오전 4시, ★동화 주기★

섭취한 음식을 잘게 분해해 영양소를 흡수하는 시간! 이 작업이 끝나면 본격적인 해독을 들어가야 하니 늦은 야식은 '독'입니다!

모두에게 완벽한 아침 식사는 없다. 사람마다 식사 시간과 소화 능력, 해독 능력이 다르므로 거기에 맞춰 아침 식사를 하면 된다. 아침 식사는 영어로 break(깨뜨리다)+fast(금식)이라고 하는데, 이는 아침 식사로 밤사이의 금식을 깬다는 의미로 생각할 수도 있지만 생체 주기 입장에서 따져보면 금식 동안 일어나는 독소 배출을 깨뜨리는 행위라고 볼 수 있다. 그러니 아침 식사는 개인의 특성에 맞추면서도 되도록 독소 배출에 영향을 덜 주는, 소화가 잘 되는 가벼운 음식을 먹길 추천한다.

소라 씨는 다이어트에 성공했을까? 그녀는 해가 뜨고 지는 하루 주기에 맞춰 생활 습관을 바꾼 결과 현재는 야식을 끊고 뱃살 빼기도 성공했다. 뱃살이 문제라면 오늘부터 야식 끊기 아니, 그보다 앞서 아침에 일찍 일어나는 연습부터 하길 처방한다.

오후 6시 이후 공복 유지하기

간헐적 단식이 유행이다. 특히 하루 24시간 가운데 16시간 단식하고 8시간 동안만 음식을 먹는 방법을 많이 쓰는데, 금식하는 동안 인슐린 민감도 증가, 혈당 수치 감소, 지방 분해 및 지방 연소 증가, 글루카곤 수치 증가, 성장호르몬 수치 증가, 만성염증 감소, 자가포식작용 등 건강상 이점이 많아 규칙적으로 습관화하길 권한다. 16:8 비율을 지키기 힘들다면 오후 6시 이후부터 금식하여 다음 날 오전 7시까지 13시간 정도 금식을 유지하는 방법은 어떨까? 비싼 영양제를 먹는 것보다 훨씬 몸이 가뿐해질 것이다.

이유 없이 몸이 가렵고,
아프고, 피곤하다고요?

"선생님 제 등 좀 봐주세요. 얼마 전부터 뭔가 생기기 시작하더니 너무 가렵고 더 넓게 퍼지는 것 같아요."

34세 요가 강사 수지 씨가 진료실을 찾아왔을 때 그녀의 등은 온통 울긋불긋한 발진으로 뒤덮여 있었다. 직감적으로 키토래쉬(키토제닉과 발진의 합성어)가 의심돼 수지 씨에게 물어보니 아니나 다를까 수개월 전부터 저탄수화물·고지방 다이어트를 하느라 탄수화물을 거의 섭취하지 않았다고 했다.

"처음엔 괜찮더니 점점 피부가 너무 가려워서 도저히 참을 수가 없었어요. 착색되어 보기 흉하기도 하고요. 인터넷을 찾아보니 식단과 관계있을 수 있다고 해서 최근엔 탄수화물도 조금씩 먹고 있는데, 이게 사라지질 않아요, 선생님."

"수지 씨, 다른 증상은 없어요?"

"……. 사실 다이어트 식단을 하고부터는 머리가 띵하고 온몸에 힘이 없어요."

"소화는요?"

"지방이랑 고기를 많이 먹어서 배고픔은 없는데 늘 더부룩하고 졸려요."

"우리 몸이 포도당 대신 케톤을 에너지로 사용하는 경우는 크게 두가지에요. 저탄고지 다이어트처럼 극단적으로 탄수화물 섭취를 제한하거나, 당뇨병이 있어 인슐린이 제 기능을 못 해 한 번씩 저혈당이올 때죠. 두 경우 모두 포도당을 에너지원으로 사용하는 뇌가 느끼기엔 응급상황이죠.

하지만 어떤 상황에서도 뇌를 셧다운 할 순 없으니 몸은 급한 대로간에서 케톤을 만들어 응급상황을 모면해요. 그 과정에서 저탄고지부작용으로 알려진 두통, 근육통, 기침, 콧물, 열, 발한 같은 키토플루증상이나 변비, 수면장애, 구역질, 현기증, 탈모 증상이 나타날 수 있고요."

"아……. 맞아요, 선생님. 저 사실 요즘 화장실 가는 것도 힘들었어요."

'묻지 마' 다이어트가 내 몸을 망가뜨린다

키토래쉬로 병원을 찾는 사례는 생각보다 많다. 글자 그대로 저탄고지는 지방 섭취를 늘리고 탄수화물 섭취를 극도로 줄이는 식단이다. 일단 고기를 마음껏 먹으면서도 체중을 감량할 수 있다 하니 유럽, 미국을 거쳐 우리나라에서도 선풍적인 인기를 끌고 있는 다이어트법이다.

저탄고지 다이어트법에 대해 일각에서는 체내 인슐린 저항성을 개선하고 지방을 분해하며 인지 능력 향상에도 효과가 있다고 주장한다. 나 역시 탄수화물을 적게 먹고 지방과 단백질 위주의 식사가 주는 이점도 있다는 데 동의한다. 단백질과 지방을 소화하는 데 무리가 없고 부작용 없이 좋은 컨디션을 유지할 수 있다면, 어떤 이들에게는 분명 더할 나위 없이 좋은 다이어트법일 것이다. 하지만 누군가에게 좋다고 해서 내게도 꼭 맞으리란 보장은 없다.

앞서 언급한 장수연구소의 발터 롱고 교수는 그의 저서 《단식 모방 다이어트》에서 범람하는 영양 지식을 비판 없이 무조건 받아들이는 것은 매우 위험하다고 지적한다. 이어 믿을 만한 정보가 되기 위해서는 '기초연구·역학·임상연구·100세 이상 노인 연구·복잡한 시스템의 이해'와 같은 장수학의 다섯 가지 기본 검증을 거쳐야 한다고 주장한다. 많은 유명 식사법과 식단 중 상당수가 부적절하거나 부분적으로 믿을 만한데, 이는 다섯 기둥 중 한두 개의 기둥에만 기초해 연구됐기 때문이다.

특히 그는 "다양한 측면을 고려해볼 때 단백질·포화지방 함량이 높고 탄수화물 함량이 낮은 식단은 건강상 최악의 식단 중 하나"라고 분석한다. 장수하는 사람들의 식습관과도 거리가 멀 뿐 아니라 식단을 장기적으로 유지했을 때 나타날 수 있는 이점과 수명 연장 효과에 대해 긍정적인 결과를 내놓는 이론과 임상, 역학 연구가 없다시피 하기 때문이다. 오히려 그의 연구 결과에 따르면 단백질을 섭취한 쥐에게서 노화 관련 질병을 일으키는 호르몬과 유전자가 과도하게 활성화되었는데, 특히 고단백-저탄수화물 식단을 먹은 쥐는 체중은 감소했으나 수명이 가장 짧았고 건강 상태도 제일 좋지 않았다. 약 13만 명을 대상으로 진행한 하버드대학교의 역학 연구에서 저탄수화물-고단백-고동물성지방 식단이 암과 심혈관계질환으로 인한 전체 사망률을 증가시키는 것으로 나타난 것도 그의 주장을 뒷받침하고 있다.

맹목적인 저탄수화물·고지방 다이어트에 대해 또 우려스러운 부분은 해독과 만성염증과 관련된 것이다. 저탄고지 식단에서는 닭고기, 돼지고기, 소고기, 지방이 많은 생선, 유제품, 견과류, 여러 오일류, 녹말 없는 채소를 권장한다. 그런데 공교롭게도 이런 음식 중 상당 부분은 알레르기 유발 가능성이 크다고 알려져 있고, 실제로 만성두드러기 환자를 진료하며 식단을 살펴보면 이런 부류의 음식이 차지하는 비율이 상당히 높다. 알레르기 경향성이 있는 사람이 알레르기 물질에 계속 노출되면 면역계를 자극해 만성염증에 시달릴 수도 수 있다.

환경호르몬, 중금속 같은 독소가 주로 동물 지방에 저장되어 있다는 것도 걱정되는 지점이다. 한두 번 먹을 때는 괜찮을 수 있지만, 주식으로 과도하게 섭취하면 내 몸에 독소와 중금속이 차곡차곡 쌓일 확률이 높다. 게다가 우리 몸은 소화가 모두 끝나는 시점부터 몸에 쌓인 독소를 해독하기 시작하는데, 채소·과일·탄수화물은 길어야 4시간이면 소화가 끝나지만 단백질, 특히 지방은 8시간까지 소모되어 몸이 종일 소화에 엄청난 에너지를 쓸 수밖에 없다.

수지 씨가 늘 피곤한 데는 이유가 있었다. 저탄고지의 부작용으로 알려진 증상이 우리 몸이 만성염증과 독소에 노출되었을 때 발생할 수 있는 증상과 유사하다는 것은 주목할 만한 사실이다. 무엇보다 중요한 것은 이런 일련의 부작용이 신진대사에 아주 좋지 않은 영향을 끼칠 수 있다는 점이다. 단기간이면 몰라도 영원히 탄수화물을 끊고 살아갈 순 없다. 그런데 건강하지 못한 장내 세균총과 독소, 만성염증, 알레르기는 신진대사를 엉망으로 만들고 물만 먹어도 살찌는 체질로 만든다.

편중된 식이요법과 관련된 우려는 저탄고지 다이어트법에 국한된 것은 아니다. 지난 수십 년 길지 않은 시간 동안 수없이 많은 다이어트법이 제안되었고 그것을 통해 어떤 이들은 도움을 받았지만, 또 어떤 이들은 심각한 후유증을 겪기도 했다. 살 빼는 문제에는 왕도가 없다. 가장 중요한 것은 건강을 해치지 않으면서(좋아지게 하면 금상첨화겠지만), 쉽고, 지속가능한 것이어야 한다는 사실이다.

그렇게 하기 위해선 다이어트에 대한 관점을 바꿀 필요가 있다. 탄수화물, 단백질, 지방 그 자체에는 잘못이 없다. 저탄고지 다이어트에도 분명 장점이 있을 것이다. 자신의 몸에 맞고 건강이 좋아진다고 생각한다면 양질의 단백질을 이용하여 시도해볼 수도 있다. 하지만 음식은 우리가 매일 먹기에 가장 직접적으로 건강에 영향을 끼친다. 남이 좋다고 해도 내 몸에 이상 신호가 온다면 다시 한번 심각하게 고민해볼 문제이지 않을까.

수지 씨에게는 증상을 경감해주는 약을 처방하고, 양질의 탄수화물이 포함된 건강한 다이어트 식단을 처방해드렸다. 처음엔 탄수화물을 먹고 다시 살찌는 게 아닌가 우려하던 수지 씨도 건강을 회복되고 체중도 감소했다는 소식을 전해왔다. 혹시 다이어트를 하는데 몸이 예상치 못한 다른 신호를 보내온다면 자신에게 맞는 다이어트법인지 반드시 확인해보길 바란다.

한 달에 한 번 독소 체크하기

매일 나도 모르게 내 몸에 독소가 쌓이고 있다는 사실을 알고 있는가? 우리가 먹는 음식, 오염된 환경, 세제와 목욕용품, 전자파, 심지어 아무렇지 않게 받아 든 영수증에서도 환경호르몬이 나온다. 우리 몸이 독소에 찌들지 않았는지 수시로 점검하고 해독 습관도 들여보도록 하자. 다음은 내과 전문의 알렉산드르 융거가 쓴 《클린》에 나온 독성 체크 문항이다. 아래 증상 중 자신이 몇 가지에 해당하는지 알아보자.

■ **내 몸 독소 점검표**

- ☐ 매년 감기나 바이러스성 질환에 쉽게 걸리는 편이다.
- ☐ 알레르기나 알레르기성 비염이 있다.
- ☐ 특정 시기가 되면 눈과 코가 간지럽거나 눈물, 콧물이 난다.
- ☐ 자주 코가 막히거나 콧물이 나온다.
- ☐ 피부가 가렵거나, 여드름이 나거나, 아니면 다른 피부질환이 있다.
- ☐ 두통을 자주 앓는다.
- ☐ 잠을 잘 못 이루는 편이다.

- ☐ 눈 밑에 다크서클이 있다.

- ☐ 변이 딱딱하고 쉽게 안 나온다.

- ☐ 가끔 설사를 한다.

- ☐ 식후에 속이 더부룩하다.

- ☐ 속 쓰림 증상이 있다.

- ☐ 배에 자주 가스가 찬다.

- ☐ 구취가 나거나 몸에서 악취가 난다.

- ☐ 아침에 일어나면 혀 안쪽 깊은 곳에 백태가 낀다.

- ☐ 특정한 음식, 특히 설탕 또는 탄수화물이 들어간 음식이나 유제품에 대해 집착이 강하다.

- ☐ 다이어트와 운동을 해도 살이 빠지지 않는다.

- ☐ 얼굴이나 몸에 부어 있는 부분이 있다.

- ☐ 재발성 부종을 앓고 있다.

- ☐ 관절이나 근육이 아프거나 경직된다.

- ☐ 근골격 계통이 쑤시고, 섬유근육통증후군을 암시하는 통증이나 증상이 있다.

- ☐ 목 한쪽이 따끔거리거나 마비 증세가 있다.

- ☐ 여러 가지 처방약을 복용한다.

☐ 마취나 임신 후에 고질적인 증상이 악화된 것 같다.

☐ 의욕이 없고 피곤하다.

☐ 분노를 느끼거나 갑작스럽게 욕구 불만을 터트린다.

☐ 기분이 가라앉거나 정신이 흐릿하다.

☐ 뭔가를 잘 잊어버리고 집중하기가 힘들다거나 적당한 단어가 떠오르지 않는다.

☐ 다른 사람보다 냄새에 많이 민감하다.

☐ 일상생활에서 독소에 점점 예민해진다. 예를 들어 드라이클리닝을 한 옷의 냄새를 맡거나 자동차에 주유할 때 전보다 더 속이 메스껍다거나, 어떤 식품에 들어간 첨가물의 영향을 강하게 알아차린다거나, 청소용품이나 개인위생용품 등에 반응을 보인다.

☐ 집이나 직장에서 유독한 화학물질이 들어 있는 제품을 자주 사용한다.

총 해당 개수 :

음식이 유전자에 말을 건다

"배가 고파서 돌아왔어."

왜 돌아왔냐고 묻는 친구에게 혜원은 이렇게 대답한다.

영화 〈리틀 포레스트〉 속 혜원은 시험, 취업, 연애 무엇 하나 뜻대로 풀리지 않아 슬픈 청년이다. 바쁜 도시 생활 중 늘 삼각김밥 같은 편의점 음식으로 끼니를 때우니 설상가상으로 건강에도 적신호가 켜진다. 이대로는 죽겠다 싶어 지친 심신을 이끌고 찾은 곳이 엄마와 함께 살던 고향 집이다. 혜원은 농사도 짓고 어릴 적 엄마가 만들어준 음식들을 만들어 먹으며 천천히 건강과 행복을 찾아간다.

다소 뻔하고 단순한 이야기지만 이 영화는 지친 현대인의 마음을 달래주기에 충분했다. 봄·여름·가을·겨울 계절의 변화에 몸을 맡기고, 그때그때 나오는 제철 재료를 이용해 배추장국·배추전·삼색 팥

떡·꽃 파스타·오코노미야키·아카시아꽃 튀김·감자빵·밤 조림·크림 브륄레를 천천히 천천히 만드는 장면을 바라보고 있자면 내 몸까지 건강해지는 느낌이었다.

"음식이 곧 약이고 약은 곧 음식이다." 현대의학의 아버지라 불리는 히포크라테스가 벌써 2,000년 전에 한 말이다. 인류 역사를 되짚어 볼 때 지난 수백 년간 현대의학은 눈부시게 발전했다. 하지만 동시에 지나치게 전문화, 세분화되어 인간 '전체'를 보지 않고 병의 진단명과 그 치료법만 보는 경향이 강해졌다. 그에 따른 문제점을 해결하기 위해 인간을 부분이 아니라 전체로 바라보는 관점, 병이라는 결과보다 그 병이 나게 하는 근본 원인을 밝히고 치료하는 기능의학이 재조명되고 있다. 통합기능의학에서는 근본적으로 몸에 자연치유력이 있다고 믿는다. 몸의 자연치유력이 제 역할을 하도록 도와주고자 한다. 이때 몸이 가진 자연치유력을 최고로 끌어내기 위해 가장 중요한 것이 바로 음식이다. '음식이 곧 약'인 이유다.

음식이 곧 약인 이유

최근 음식이 단순히 영양소를 제공하는 것뿐 아니라 음식에 포함된 여러 요소가 특정 유전자 발현에도 영향을 미친다는 개념이 점점 더 힘을 받고 있다. 예를 들어 당뇨병에 걸릴 수 있는 유전자를 타고났더라도 어떤 음식을 먹느냐에 따라 유전자의 발현 가능성이 달라질 수 있다는 것이다.

우리가 먹는 음식은 수많은 분자로 구성돼 있다. 탄수화물, 단백질, 지방, 비타민, 미네랄뿐 아니라 장내 세균총인 프로바이오틱스, 프로바이오틱스의 먹이인 프리바이오틱스, 항산화 물질, 피토케미컬, 그리고 식물의 유전물질까지, 모두 나의 세포 속 DNA와 교신한다. 그리고 이러한 정보들은 나의 면역시스템, 장내 마이크로바이옴(미생물 군집), 에너지시스템, 해독시스템, 순환시스템, 호르몬에 영향을 끼쳐 독이 되기도 약이 되기도 한다. 안타깝게도 환경호르몬이나 중금속 같은 환경독소도 우리 DNA에 말을 걸어 악영향을 끼친다.

"언니, 나 임신 성공했어!"

"정말? 너무 잘됐다! 그동안 고생 많았지, 축하해."

가까운 동생이 결혼한 지 오랫동안 임신이 되지 않아 걱정이었는데, 수차례 인공수정을 시도한 끝에 다행히 임신에 성공했다. 사실 현대사회의 난임률은 부부 일곱 쌍 중 한 쌍, 약 14퍼센트일 만큼 많은 신혼부부가 같은 고민을 한다. 난임 원인에는 정자와 난자의 건강 상태 등 여러 요소가 있겠지만 최근 늘어나는 환경독소 역시 범인으로 지목되고 있다.

특히 환경호르몬은 아주 적은 농도만으로도 체내에 들어와 호르몬계를 교란할 수 있어 성인의 경우 오랜 기간 체내에 축적돼 임신과 건강에 치명적 영향을 끼칠 수도 있다. 노화가 진행될수록 해독 능력이 현저히 떨어져 고스란히 면역계·호르몬계·신경계·생식계에 영향을 끼치고 갑상선질환, 고혈압, 당뇨, 유방암, 자궁내막암 등 여성호르몬 관련 질병의 확률을 높인다. 원인 모를 만성 두드러기, 조절되지 않는 아토피, 이유를 알 수 없는 만성 통증, 날로 늘어나는 갑상선질환과 자가면역질환들도 사실은 환경독소가 끊임없이 우리 DNA에 말을 걸고 질병 코드를 자극하기 때문일지도 모른다.

"나는 환경호르몬을 먹기 싫어서 플라스틱은 거의 안 써요."

장려할 만한 일이지만 환경호르몬을 완전히 피하기란 어렵다. 애초에 우리는 환경호르몬을 직접 먹고 마시는 게 아니다. 공장 매연으로 대기 중에 다이옥신이 뿜어져 나오면 호흡하면서 이를 마실 수밖에 없고, 또 비가 내려 오염된 토양에서 재배된 채소나 과일, 그리고 가축과 어류를 통해 고스란히 몸에 축적할 수밖에 없다. 뚜렷한 가해자는 없지만 피해자가 있는 억울한 상황이 펼쳐진다.

하지만 환경독소 문제에 대해 인류는 거의 무방비 상태다. 이러한 물질을 사용한 역사가 길지 않아 충분한 연구가 이루어지지 않은 문제, 인과관계가 명확하게 드러나지도 즉각적으로 보이지도 않는다는 문제, 편리함을 이유로 우리 생활에 너무 깊이 침투해 있다는 문제까지 모두 건강한 생활을 어렵게 하는 장애 요인이 되고 있다. 환경독소의 심각성에 깨어 있는 아주 극소수를 제외하고, 많은 사람이 데워지는 미지근한 물에서 서서히 죽어가는 개구리 같은 신세다.

"당신이 무엇을 먹었는지 말해 달라. 그러면 당신이 어떤 사람인지 알려주겠다."

1825년 유명한 미식가인 사바랭이《브리야 사바랭의 미식 예찬》에서 쓴 문장이다. 마흔이 되면 내가 먹은 음식뿐 아니라 환경독소에 대해서도 책임져야 한다. 내 건강의 주인은 의사가 아니라 바로 그 음식을 먹는 내 자신이기 때문이다.

습관 처방

무심코 노출되는 환경독소 리스트 작성해보기

천 리 길도 한걸음부터. 무심코 하는 행동 중 몸속 환경호르몬과 중금속 농도를 높이는 일을 피해보자. 환경독소로부터 나와 가족을 지키는 방법은 크게 물과 음식, 신진대사 과정에서 나오는 독성, 가정에서 사용하는 세제, 화장품 등으로 나누어 생각해볼 수 있다. 잔류 농약이 없는 유기농 음식을 먹고, 깨끗한 물을 자주 마셔 독소를 빼낸다. 피부로 바로 흡수되는 파라벤, 석유화학 성분, 납이나 유해 성분이 포함된 화장품을 피하도록 하자. 주방에서도 코팅이 벗겨진 팬은 바로 교체하고, 전자레인지와 전기담요 등 전기제품에서 나오는 전자파로부터 자신을 보호하는 것도 중요한 실천사항이 될 수 있다.

'한 달' '한 번' 단식하면 젊어진다

정연 씨가 우리 병원에 찾아온 건 막 비가 내리기 시작한 오후였다. 조심스럽게 문을 두드리고 들어온 정연 씨는 낯빛이 어두웠다. 대학병원까지 다녀왔는데 여전히 몸이 나아지질 않는다며, 답답한 마음에 집 근처 주치의를 찾아봤다고 했다.

"몇 달째 소화가 잘 안 되고 배에 가스가 자주 차요. 트림도 자꾸 나오고요. 위장염 증상이 가볍게 있다고 해서 처방 약도 먹어봤는데 잠깐 나아졌다가 다시 또 이래요. 혹시 큰 병이라도 생긴 걸까요?"

차트를 살펴보니 기본 검사에는 이상 소견이 없었다.

"혹시 다른 증상은 없으세요?"

한두 개가 아니라며 정연 씨가 고개를 가로저었다.

"알레르기 비염 증상이 심하고 몸이 전체적으로 무겁고 부은 느낌이 나요. 최근에는 전에 없던 두통에 피부 트러블도 생겼고요. 이게 다 서로 관련 있는 증상일까요?"

대학병원 검사도 오늘 검사 결과도 아무 문제가 없다고 나오는데 정연 씨는 왜 몇 달째 몸이 점점 더 나빠지고 있다고 느끼는 걸까? 내 머리에 떠오르는 이유는 딱 하나였다.

"다른 이상 소견이 없는데 정연 씨가 말한 증상이 계속된다면, 해독 시스템 과부하 상태가 아닌지 점검해볼 필요가 있을 거 같아요."

"해독시스템? 독이요?"

영양 과잉의 시대, 독소가 몰려온다

'독'이라고 하면 무엇이 떠오르는지? 영화에서 나오는 청산가리, 아니면 사극 드라마에서 나오는 사약? 떠오르는 게 많지 않다. 현대의학이 독을 다루는 방식도 이와 비슷하다. 처방약을 한꺼번에 많이 복용해 응급실에 실려 오는 급성중독, 알코올이나 약물을 지속해서 복용한 만성중독, 혹은 농약을 먹은 경우 등 지극히 제한적인 사례에서만 등장한다.

하지만 우리나라의 한의학과 고대 힌두교의 전통의학인 아유르베다Ayurveda 에서는 독성이란 개념을 더 넓은 의미에서 다룬다. 전통의학에 따르면 우리는 자주 독에 노출된다. 상하거나 형편없는 식사를 할 때, 업무 중 스트레스를 받을 때도 그렇다. 물론 우리 몸은 상한 음식물을 배설하고, 스트레스 상황에서 벗어나려 노력한다. 즉 자연 해독 능력이 있다. 그러나 독소의 유입과 배출의 균형이 깨지고, 그 결과 지나치게 쌓이기 시작하면 이 해독 능력도 무너진다. 알레르기, 두통, 소화불량, 변비, 우울증, 악몽, 불임 등 이유를 알 수 없는 증상이 생기고 고통이 시작된다.

정연 씨도 그런 사례일 가능성이 높다. 검사에서 확인되지 않아 명백한 원인은 알 수 없지만 증상이 뚜렷할 경우 일반 병원에서는 대개 일시적으로 그 증상을 완화해주는 약을 처방한다. 알레르기 증상이라면 항히스타민제, 두통이라면 진통제, 소화가 잘 안 된다면 소화제를 처방하는 식이다. 하지만 여기에는 병의 뿌리에 대한 치료는 전혀 없기 때문에 약 효과가 떨어지면 증상이 다시 제자리로 돌아오기 쉽다. 오히려 약으로 증상을 가려 병의 뿌리가 깊어지는 경우도 있다. 진짜 문제는 자체 정화 능력을 잃어버렸다는 신호인데, 이를 알아차리지 못하는 것이다.

일반 병원에서 해독시스템이니 뭐니 하는 소리를 듣는 상황이 좀 황당했을까? 하지만 속는 셈 치고 한번 시도해보라며 내가 정연 씨에게 처방한 원리는 간단했다. 첫째, 제때 식사할 것. 둘째, 과식하지 말 것. 셋째, 해독 기능을 촉진하는 영양소를 챙겨 먹을 것. 넷째, 운동을 시작할 것. 그리고 마지막으로 한 달에 한 번 단식할 것.

세상에, 단식이라니! 하루 3끼 꼬박꼬박 챙겨 먹고 이런 식습관이 건강의 기초라고 생각하는 사람도 많을 것이다. 하지만 생각해보자. 아침 식사가 소화될 만하면 점심 식사를 하고, 이를 다 소화할 만하면 또 저녁 식사 시간이다. 이렇게 음식이 쉴 새 없이 몸에 들어오면 우리 몸은 음식물을 소화하고 영양분을 흡수하는 일에 에너지를 모두 써버린다. 해독할 여력이 없어 독소를 지방의 형태로 쌓는다. 하지만 단식을 하면 어떤가? 우선 에너지로 만들어야 할 포도당이 공급되지 않는다. 자연스럽게 쌓인 잉여 지방을 분해하고, 여기서 나오는 케톤체를 에너지원으로 사용한다. 물을 많이 마시고 해독에 필요한 영양분을 공급하면 금상첨화다. 쌓인 독소가 원활하게 배출된다.

단식은 오토파지autophagy라는 자가포식작용도 유도한다. 이를 통해 앞으로 암세포로 자랄 수 있는 병든 세포를 잡아먹고 몸의 정화를 돕는다. 오토파지란 그리스어의 '자기auto'와 '먹다phagein'라는 단어에서 유래된 말이다. 세포가 예정된 프로그램에 의해 스스로 죽는 세포자멸, 즉 아포프토시스apoptosis와 함께 세포를 정화하는 아주 중요한 작용이다. 이런 신체의 해독 과정, 청소 과정이 제대로 이뤄지지 않으면 암과 같은 질병이 발생하거나 노폐물이 쌓여 노화가 빠르게 진행된다. 단식은 자가포식을 강력하게 유도하는 가장 좋은 방법이다.

특별한 원인이 없는데도 통증을 호소하는 환자에게 나는 저녁 식사 이후부터 아침까지 12시간 정도 공복 상태를 유지하길 권한다. 또 한 달에 한 번 정도는 24시간 단식으로 묵은 독소를 대청소 해보라고 도 말한다. 식사를 완전히 포기하는 게 어렵다면 채소 스프 레시피를 알려드리기도 한다.

식사 습관을 개선하고 단식을 실천한 후 정연 씨의 통증은 대부분 사라졌다. 고질적이던 피부 트러블과 다크서클도 한결 완화됐다.

6개월에 한 번 단식 모방 다이어트

주기적인 독소 배출을 원하는 분들을 위해 미국 수명 연구 권위자 발터 박사가 《단식 모방 다이어트》라는 책에서 제안한 FMD Fasting Mimicking Diet 식단을 소개한다. 단식의 필요성을 느끼지만 여러 이유로 실천이 어려운 분들에게 안성맞춤이다. 굶지 않고도 몸이 단식하는 것처럼 착각하게 만들어 단식과 같은 효과를 얻을 수 있기 때문이다. 줄기세포 활성화, 복부지방 감소, 질병의 위험인자 감소 외에도 광채 나는 피부, 집중력 강화 등의 효과도 기대할 수 있다. 발터 박사는 건강한 성인의 경우 FMD 식단을 6개월에 5일 정도 주기적으로 하길 권장한다. 아래 식단을 아침, 점심, 저녁 3끼로 나누거나 식사 2끼, 간식 1끼로 나눠 먹는다. 단 당뇨, 고혈압, 간, 신장질환을 앓고 있거나 70세 이상 노인에게는 추천하지 않는다.

5일 단식 모방 다이어트 가이드

- **1일차**(1100㎉)

  - 복합탄수화물(브로콜리, 토마토, 당근, 호박, 버섯 등 채소) 500㎉ 섭취
  - 건강한 지방(견과류, 올리브유 등) 500㎉ 섭취
  - 멀티비타민, 미네랄 영양제 보충 1회
  - 오메가3, 오메가6 영양제 보충 1회
  - 설탕을 첨가하지 않은 차(하루 3~4컵)
  - 식물성 단백질, 특히 견과류에서 단백질 25g 섭취
  - 물 제한 없음

- **2~5일차**(800㎉)

  - 복합탄수화물 400㎉ 섭취
  - 건강한 지방 400㎉ 섭취
  - 멀티비타민, 미네랄 영양제 보충 1회
  - 오메가3, 오메가6 영양제 보충 1회
  - 설탕을 첨가하지 않은 차(하루 3~4컵)
  - 물 제한 없음

- **6일차 보식**

  식단을 마치고 24시간 동안은 복합탄수화물(채소, 시리얼, 파스타, 쌀밥, 빵, 과일 등) 위주로 식사하고 고기, 포화지방, 페이스트리, 치즈, 우유 등은 최소화.

늘 달고 다니는 지긋지긋한 염증과 헤어질 결심

이제 막 40세가 된 보미 씨는 간절한 표정으로 지긋지긋한 염증의 악순환에서 자기를 살려달라고 말했다.

"선생님, 제 몸에 있는 구멍이란 구멍에서는 모두 번갈아가며 염증이 생기는 것 같아요. 항생제 먹고 조금 나아졌다 싶으면 중이염이라고 하고, 약 먹고 진정시켰다 싶으면 질염이라 하고, 한 번 걸리면 잘 낫지도 않아요. 예전에는 하루 이틀 정도 푹 쉬고 약 먹으면 홀홀 털고 일어났는데, 요즘은 걸렸다 하면 일주일은 드러누워요. 제 면역력에 무슨 문제가 생긴 걸까요?"

보미 씨의 추측에는 일리가 있었다. 면역은 세균, 바이러스, 미세먼지, 중금속, 스트레스 등에 대응해 자신의 몸을 지켜 항상성을 유지하려는 힘을 말한다. 영어로는 immunity인데, 여기서 'immune'의 어원은 '~에 영향을 받지 않는'이라는 뜻이다. 면역시스템에 문제가 생기면 끊임없이 외부 침입에 영향을 받게 된다.

　면역력이 약해진 환자들을 조사해보면 신체적·정신적 만성스트레스에 노출된 상태에서, 장벽에 염증을 유발하는 잘못된 식습관을 가진 경우가 많았다. 스트레스와 자극적인 음식이 장벽을 자극하고 약화시켜 만성염증과 알레르기질환의 원인이 되는 '장 누수leaky gut'를 일으키는 것이다. 요즘 어떤 스트레스를 받고 있는지, 하루 끼니를 어떻게 챙겨먹는지 물어보는 내 질문에 보미 씨는 하나씩 털어놓기 시작했다.

장벽이 뚫리면 면역력에도 구멍이 뚫린다

　건강한 장벽 세포는 빈틈없이 연결돼 외부 물질이 아무 거름망 없이 혈류 안으로 들어가는 것을 철저히 차단하고 몸에 필요한 안전한 영양소만 선택적으로 흡수한다. 그런데 환경독소나 장벽을 자극하는 잘못된 식습관 때문에 장벽이 손상돼 구멍이 생기면 장벽 세포는 제 기능을 하지 못한다. 몸에 치명적일 수도 있는 큰 음식물 조각이나 독소 조각이 장벽을 그대로 통과하는 것이다.

　이 경우 2차적으로 나서는 게 면역계다. 면역계가 전력을 다해 독소 조각을 공격한다. 그런데 이런 일이 계속 반복되면 면역시스템에도 문제가 생긴다. 본래 면역계는 너무 약하지도 너무 예민하지도 않은 건강한 상태, 즉 중용의 상태를 유지해야 하는데 이 항상성이 무너지면 적군과 아군을 구분하지 못하거나, 면역력이 떨어져 적군을 잘 막지 못하고, 무시해도 되는 자극에도 과민하게 반응한다. 심지어 체내 건강한 세포까지 공격해 류마티스 관절염, 건선, 루푸스 같은 자가면역질환까지 발생할 수 있다. 어느 날 갑자기 동그란 동전 모양으로 머리카락이 빠져 우리를 당황하게 하는 원형탈모가 그 흔한 예다. 환자들에게 물어보면 십중팔구 최근에 큰 병을 앓았거나 극심한 스트레스에 시달렸다고 이야기한다.

감기나 만성알레르기에 시달리지 않고 면역계를 보호하려면 일단 손상된 장벽을 치료해야 하는데, 이때 가장 중요한 것은 식습관이다. 음식물이 몸속에 들어와 가장 먼저 통과하는 곳이 위장이기 때문이다. 밀가루 같은 글루텐 식품, 인공감미료나 설탕이 많이 들어간 음식, 유제품, 기름에 튀긴 음식 등 좋지 않은 지방이 많이 들어간 음식은 위장에 무리를 준다고 알려져 있다. 혹시 먹는 일이 있더라도 여러 번 씹어 음식을 잘게 부숴 소화기관을 도와주는 게 좋겠다. 또 진통제, 항생제, 스테로이드 같은 약을 오래 쓰거나 중금속, 독성물질, 세균, 기생충, 곰팡이, 음식물 알레르기, 지나친 알코올 섭취 등 만성적인 감염에 의해서도 장벽이 느슨해질 수 있다. 특히 무분별하게 항생제를 남용해 장내 유익균들을 무차별적으로 대량살상하는 것이 면역 시스템을 크게 교란시킨다는 점을 명심하자.

체내 유익균을 지키는 법

장 속에 좋은 균을 심어주려면 아침 공복 상태에서 미지근한 물을 마신 후 유산균을 복용하고 동시에 체내 유해균을 억제하고 유익균의 먹이가 되는 섬유질을 풍부하게 섭취하는 게 중요하다. 물론 채소는 섬유질의 원천인 데다 효소를 풍부하게 함유하므로 끼니 때마다 함께 먹어주는 것이 좋다. 다만 아무리 좋은 음식도 증상에 따른 유연한 접근법이 필요하다. 장누수증후군이 상당히 진행됐거나 소화기관이 너무 약한 사람에게는 생채소가 너무 부담을 줄 수 있으니 회복될 때까지는 조금 익혀 섭취하는 게 도움이 된다. 처음에는 해로운 음식을 끊는 것부터 시작하여 부드럽게 익힌 채소에 익숙해질 필요가 있다.

또 과민성대장증후군이 있는 경우 포드맵 음식(FODMAP, 식이 된 수화물의 일종으로 콩류, 유제품, 일부 과일과 채소 등이 해당한다)을 조심해야 한다. 과민성대장증후군을 앓고 있는 사람들은 스트레스에 취약해 조그마한 자극에도 복통, 신경성 설사 증상을 일으키며 배에 가스가 차 일상생활에 불편함을 호소한다. 이런 사람들은 소장과 대장에서 흡수되지 않고 미생물에 의해 발효돼 가스를 만들고 복부 팽만감이나 불편함을 유발하는 사과, 배, 마늘, 양배추, 콩, 양파, 마늘, 브로콜리 등과 같은 고포드맵 음식을 조심해야 한다.

소화기관이 약하다면 탄수화물은 탄수화물끼리, 단백질은 단백질끼리 섭취하는 게 좋다. 두 영양소를 소화하는 효소는 서로 산도가 달라 함께 먹었을 때 소화 시간도 더 오래 걸리고 에너지도 많이 소모된다. 채소는 함께 먹어도 좋지만, 과일은 식전이나 식후 2시간 후 소화가 어느 정도 된 상태에서 먹기를 추천한다.

효소를 먹어주는 것도 도움이 된다. 장 내부를 수리하는 데 도움이 되는 오메가3, 아연, 비타민A, L글루타민 등을 섭취해주면 구멍 뚫린 장벽을 더 잘 수리할 수 있다.

보미 씨는 밀가루와 설탕을 끊고 유산균을 먹기 시작했다. 장 내부 환경의 근원적인 변화가 필요했기에 채소찜 다이어트를 실천했고, 그동안 사흘에 한 번씩 보던 변을 매일 보게 됐다.(채소찜 다이어트 방법은 이 책 6장에서 확인할 수 있다.) 그리고 무엇보다 늘 달고 살던 지긋지긋한 염증에서 해방되어 너무 행복하다고 했다.

매일 유산균 먹기

이미 구멍이 뚫린 위장, 소장, 대장의 소화시스템을 수리하기 위해 통합기능의학에서 제안하는 4R 프로그램으로 치료를 시도해보자. 4R이란 네 단계로 구성된 장 수리 프로그램을 말하는데 구성은 다음과 같다.

1. 나쁜 세균, 약물, 식품 등을 제거하라.(Remove)
2. 건강한 장이 필요로 하는 효소와 섬유소가 많이 든 음식으로 대체하라. (Replace)
3. 장에 좋은 박테리아나 프로바이오틱스를 재접종하라.(Reinoculate)
4. 오메가3, 아연, 글루타민, 퀘르세틴 등의 치유 영양소로 장 내부를 수리하라.(Repair)

더불어 장벽 보수와 함께 장을 유해균으로부터 건강하게 지켜주는 유익균을 심어줘야 한다. 이를 위해 매일 유산균이 든 음식을 챙겨 먹는 것이 좋다. 믿을 수 있는 유산균 제품을 먹어도 좋고 김치, 요구르트와 같은 식품을 의식적으로 챙겨 먹어도 좋다. 나는 짜지 않고 섬유질과 유산균이 풍부한 독일식 백김치 사우어크라우트를 만들어 먹는다.

사우어크라우트 만드는 법

1. 양배추 반 통, 당근 반 개, 파프리카 조금, 천일염 10g, 식초 2스푼을 준비하세요. 기호에 따라 청양고추를 넣어도 좋습니다. 양배추 심을 제거하고 얇게 썬 뒤 깨끗하게 세척해 물기를 제거해주세요.

2. 큰 볼에 채 썬 양배추를 넣고 천일염을 뿌려 바락바락 주물러주세요.(양배추가 숨이 죽고 물이 나올 때까지 잘 주물러주는 것이 성공 포인트입니다.)

3. 썰어둔 당근, 파프리카, 청양고추 넣어 섞고 식초 투하!

4. 소독한 유리병에 재료를 모두 넣고 푹 잠기게끔 물을 부어주세요. 그리고 실온에서 하루 정도 발효한 뒤 냉장고에 10일 정도 보관합니다. 그럼 맛있게 드세요!

이제 어떤 바이러스가 와도
물리칠 수 있어

48세 경희 씨는 얼마 전 폐경 증상으로 불편감을 호소하며 병원에 다녀갔다. 증상 완화 방법을 알려드린 후 잘 지내시나 궁금해하던 차에 얼마 되지 않아 다시 진료실을 찾아왔다.

"선생님, 다녀간 날부터 몸살 기운이 있더라고요. 머리도 띵하고 너무 피곤해서 코로나인가 싶어 긴장하고 있었는데 어젯밤부터 옆구리에 이런 물집이 잡혀서요."

경희 씨 말대로 그녀의 등과 옆구리를 따라 띠를 두른 듯 다수의 물집성 발진이 있었다.

"욱신욱신한 게 너무 아파요. 혹시 대상포진인가요? 딸이 인터넷을 찾아보더니 대상포진 같다며 빨리 병원에 가보라고 해서 왔어요."

"똑똑한 따님을 두셨네요. 대상포진이 맞아요."

"그런데 도대체 왜 대상포진이 걸린 걸까요? 평소처럼 생활했는데."

"어릴 때 수두 앓으셨나요?"

경희 씨가 그렇다며 고개를 끄덕였다.

"대상포진은 한번 몸에 들어온 수두 바이러스가 후근신경절에 잠복하고 있다가 면역력이 떨어질 때 바이러스가 재활성화돼 발생할 수 있어요. 어르신들에게 대상포진 유병률이 높은 게 이 때문이죠. 경희 씨는 폐경기 증후군 때문에 오랫동안 불면증을 앓아온 게 면역력을 약화시킨 거 같아요."

"그럼 제가 앞으로 어떻게 하면 좋을까요?"

면역력을 좌우하는 세 꽃밭

우리 몸에 세 개의 꽃밭이 있다는 이야기를 들어본 적이 있는가? 세 개의 꽃밭은 입과 장, 질을 말한다. 여기에 모인 상재균을 현미경으로 관찰하면 마치 꽃밭처럼 보여서 그같이 부른다. 상재균은 영어로 노말 플로라 normal flora 이기도 하다.

우리 몸을 거대한 하나의 원통이라고 가정해보자. 음식을 먹으면 입을 거치고 장을 통과해, 영양소는 흡수되고 섬유질을 포함한 나머지 찌꺼기가 항문으로 빠져나온다. 이 과정에서 음식과 함께 균이 침입하기 쉽다. 면역이 약한 아기들에게 반드시 음식을 익혀서 주는 이유이기도 하다. 하지만 어른은 다르다. 섭취하는 것에 신경 쓰는 것도 중요하지만 더 중요한 것은 외부 균이 침범해도 맞서 싸울 수 있는 좋은 유익균을 상재균으로 심어놓는 게 더 중요하다.

우리 몸을 지키는 상재균은 크게 세 부류로 나뉜다. 가장 좋은 것은 입, 장, 질 속에 거주하며 나쁜 잡균이 번식하지 못하도록 미리 터를 잡고 지키는 유익균이다. 그밖에 이도 저도 아닌 해바라기균, 그리고 몸에 나쁜 영향을 미치는 유해균도 있다. 이때 유익균과 유해균 중 어느 쪽이 우세하냐가 질 좋은 상재균을 갖추는 데 결정적인 역할을 한다. 다수를 차지하는 해바라기균은 힘이 센 세력에 따라 유익균이 될지 유해균이 될지 자신의 포지션을 결정하기 때문이다. 조직에서 누가 주도권을 잡느냐에 따라 조직 전체의 성격이 결정되는 것과 같다. 따라서 우리는 유익균은 살리고 유해균은 죽이는 전략을 써서 유익균이 우세하도록 도와줘야 한다. 두 가지 균들이 좋아하는 먹이가 서로 다르기 때문에 이는 충분히 가능하다.

유해균이 좋아하는 먹이는 흔히 말하는 '맛있는 음식'이다. 햄버거, 피자, 치킨처럼 기름진 음식, 첨가물이 잔뜩 들어간 간편식, 정제 설탕이 들어간 달콤한 케이크 등 자주 즐겨 먹는 음식이 모두 여기 해당한다. 반면 유익균은 '자연에서 온 음식'을 선호한다. 섬유질이 풍부한 신선한 채소, 해조류, 도정하지 않은 통곡물 같은 것들이다.

첫 번째 꽃밭인 입안에는 500~700여 종의 세균이 살고 있는데 제각기 하는 역할이 다르다. 식생활이나 생활환경 변화에 따라 이 균형이 깨지면 내독소를 가진 세균이 늘어나는데, 이들이 치아 주변에 염증을 일으키기도 하고 침과 섞여 위나 장 같은 소화기관을 통해 다른 장기들로 가기도 한다. 마흔 넘어 치주염이 심해지면 잇몸 조각이 파괴되면서 세균이 온몸에 연결된 혈관을 타고 돌아다니기도 한다. 이때 몸에 존재하는 면역세포가 내독소에 반응하여 염증을 만드는 사이토카인을 퍼트려서 몸이 만성염증에 시달리는 원인이 되기도 한다.

충치와 치주염을 일찍부터 예방하고 잘 관리하는 것이 굉장히 중요하다. 단지 치아 건강의 문제가 아니라 면역력에 영향을 미치기 때문이다. 이를 위해 충치가 좋아하는 단 음식을 피하고 칫솔질을 올바로 하는 습관이 중요하다. 그전에 치아가 건강했던 사람도 서른다섯 살부터는 주기적으로 치아 건강을 체크하고 충치, 치석, 치태, 잇몸 염증을 점검할 필요가 있다.

두 번째 꽃밭은 장이다. 장 박테리아로 알려진 것만 1,000종 이상인데 젖산균, 락토바실루스 플란타룸, 락토바실루스 람노수스, 바실루스 마이코이지 같은 박테리아는 내분비 물질이나 호르몬 기능을 하며 옥시토신, 세로토닌, 감마 아미노부티르산, 도파민 같은 뇌 신경전달물질을 생성하고 방출한다. 즉 장내 마이크로바이옴이 우리의 면역력뿐 아니라 감정까지 좌우할 수 있다는 말이다.(흥미로운 것은 평생 건

144

강을 지키는 데 도움이 될 수 있는 기본적인 미생물 세팅이 세 살 즈음에 거의 완성된다는 사실이다. 소아청소년과에서 사용되고 있는 항생제가 체내 유익균까지 죽여버리는 데 따른 문제가 여기서 제기된다. 항생제 남용과 방부제 남용을 피해야 하는 중요한 이유다.)

장내 유익균을 잘 먹여 살리려면 섬유질 중심의 프리바이오틱 식품을 먹는 것이 도움이 된다. 또 건강한 미생물이 살아 숨 쉬는 음식을 즐겨 먹는 것도 장내 꽃밭을 만드는 데 도움이 된다. 저지방 고섬유질 식사를 기본으로 하고 요구르트, 사우어크라우트, 김치, 까망베르치즈 같은 음식을 가까이함으로써 장을 살리는 게 코로나 같은 바이러스도 절대 뚫고 들어오지 못할 초강력 상재균들을 만드는 비법이다.

마지막은 질 내 세균총이다. 최근 마이크로바이옴의 중요성이 알려지면서 질 내 세균총에 대해서도 더 많은 관심을 두기 시작했다. 다양한 균이 포진한 장이나 입과 비교했을 때 질 내 세균총의 90~95퍼센트 이상은 유산균(락토바실루스)이 차지하고 있다. 유산균은 젖산을 생성하여 질 내 산도를 산성 pH 4.0~4.5 정도로 적당히 유지하고 박테리오신이라는 항균물질을 생성하고 유해균을 억제해 우리 몸을 지킨다. 하지만 면역력이 떨어졌거나, 항생제를 많이 먹었거나, 잦은 질 세척 등 유익균과 유해균의 균형이 깨지면 상재균이 힘을 쓰지 못해 질병에 노출된다. 여성이 면역력이 떨어질 때 질염이 끊임없이 재발하는 것도 이런 이유 때문이다.

마이크로바이옴의 신세계

사람은 몸의 표면과 내부에 약 39조 마리 박테리아를 포함해 대단히 복잡한 생태계를 갖춘 통생명체라는 개념이 떠오르고 있다. 윌리엄 리 박사의 《먹어서 병을 이기는 법》에 따르면 39조에 달하는 박테리아 개체 수는 체내 세포의 개수(약 37조 개)와 비등하며 전부 합하면 무게가 약 1.36킬로로 뇌의 무게에 맞먹는다고 한다. 의학계는 한때 박테리아를 해로운 질병의 매개체로 보고 없애야 한다고 생각했지만, 이제는 박테리아 대부분이 아주 복잡하고 정교한 과정을 통해 우리 몸을 건강하게 지키고, 심지어 행동에도 영향을 끼친다는 사실이 알려졌다. 마이크로바이옴이라는 총칭으로 불리며 세포, 조직과 다양한 방식으로 상호작용해 복잡한 생물학적 체계를 형성하고 있다.

막 5세가 된 딸은 외출할 때 마스크부터 챙긴다. 우리 딸이 유별난가 싶어 물어보니 다른 집도 마찬가지란다. 하기야 3세 때부터 쓰기 시작했으니 거의 반평생을 마스크와 함께 살아왔다. 하지만 맑은 공기에서 바이러스와 미세먼지 걱정 없이 마음껏 뛰어다녔던 내 어린 시절을 떠올리면 요즘 아이들에게 너무 미안하다. 더욱 불안한 것은 어쩌면 앞으로 우리가 마스크를 완전히 벗고 살지 못할지도 모른다는 것이다. 시간이 지나면 코로나도 점점 약해져 더불어 살아갈 수 있을

지 몰라도 갈수록 심해지는 환경오염과 기후변화로 제2, 제3의 바이러스가 이미 지구 어딘가에서 키워지고 있을지 누가 아는가?

어떤 바이러스가 와도 물리칠 수 있는 튼튼한 면역력의 중요성은 두말하면 입 아플 지경이다. 우리를 지켜줄 진짜 무기는 우리 몸에 있는 마이크로바이옴을 잘 가꾸는 데서 시작된다.

습관 처방

치실 사용하기

치아가 붙어 있는 인접 면은 칫솔로는 잘 닿지 않고 눈으로도 확인이 어려워 세균이 서식하기에 좋은 환경이다. 양치만 하는 것보다 치실을 사용할 때 만성염증의 원인이 되는 충치를 예방하는 효과가 40퍼센트 이상 높다는 연구 결과가 있을 정도로 올바른 치실 사용법이 중요하다. 치실은 40센티 정도 자른 후 양쪽 중지에 감아 2~3센티 정도 남기고 짧게 잡은 후 치아를 감싸듯 C자 형으로 돌려준다. 밑에서 위쪽으로 부드럽게 3회 정도 반복해서 닦아주는데 너무 강하게 하면 잇몸에 피가 날 수도 있으니 조심하자. 치아 사이가 너무 좁거나 넓은 경우, 잇몸이 약한 경우는 치간 칫솔을 사용하는 법도 있다.

; 나만부쩍빨리 늙는것같다면체크할것

정신과가 아닌데도 진료실에서 가장 많이 접하는 증상 중 하나를 꼽으라면 불면증이다. 원형탈모, 만성두드러기, 잦은 염증성 감염, 만성피로, 만성두통, 갑자기 심해진 여드름 등 서로 관련 없어 보이는 증상의 원인을 파헤치다 보면, 나쁜 수면 습관이 문제와 일정 부분 연관돼 있음을 발견한다. 특히 40대 전후반 여성일수록 이같은 확률이 올라간다. 지연 씨도 같은 문제를 겪는 한 사람이었다.

"선생님, 요즘 피부가 푸석푸석하고 다크서클도 심해졌어요. 로션을 발라도 쉽게 건조해지고, 주름도 부쩍 늘어난 것 같고요."

"언제부터 그런 증상이 있으셨어요?"

"40대 중반 들어서면서 계속 그래요. 나이 때문일까요? 마흔 넘어도 서른 같은 친구도 있는데 저만 부쩍 빨리 늙는 것 같아요."

혹시 스트레스받는 일은 없었는지, 잠은 잘 자는지 묻는 질문에는 곰곰이 생각해보더니 이렇게 답했다.

"아뇨, 스트레스받는 일은 딱히 없어요. 그런데 작년부터 잠잘 때 좀 예민해지긴 했어요. 새벽에 자꾸 깨거든요. 커피도 끊고 잠자리 환경도 바꿨는데 여전히요. 밤에 자고 싶은데 못 자는 시간이 괴로워요."

"특별한 병이 없는데 남들보다 피부 노화가 빨리 진행된다면 수면 습관에 문제가 있는 경우가 많아요. 특히 40대에는 여성호르몬 수치가 변해서 없던 불면증이 생기기도 하고요. 에스트로겐과 프로게스테론이 수면과 관련이 있는데, 완경 전후로 수치가 감소하면서 잠들기 어려워지고 한밤중에 불현듯 깨거나 얼굴이 붉어지는 증상이 생기기도 합니다. 젊을 때는 기본 체력과 면역력이 받쳐주지만 40대부터는 여성호르몬이 눈에 띄게 변하기 때문에 수면 질을 높이는 전략을 세우는 게 좋아요. 최소 하루 7시간 숙면이 정말 중요하거든요."

"선생님, 그럼 약이라도 먹어야 할까요?"

마흔이 넘어 갑자기 불면증이 생겼다면?

그렇지 않다. 수면제는 수면 주기 중 잠이 드는 입면기까지만 도움을 주고 수면을 유지하는 데는 도움이 되지 못한다. 게다가

장기간 복용하면 의존성과 내성의 위험이 커서 나는 꼭 필요한 경우가 아니면 처방하지 않는다.

대신 낮 동안 햇볕을 쬐며 조금 빨리 걷는 운동을 시작하길 권한다. 우리 몸에는 노화를 결정짓는 제3의 눈이 있다. 고대 아시아 사람들이 종종 이마 한가운데 그려 표현하던 송과선이 바로 그것이다. 뇌 깊숙한 곳에 위치한 송과선은 낮 동안 빛을 감지하고 수면호르몬인 멜라토닌 분비를 멈춰 우리 생체리듬을 조절한다. 그리고 대신 행복호르몬이라 불리는 세로토닌을 분비하는데, 흥미로운 점은 송과선이 밤에 멜라토닌을 만들 때 세로토닌 역시 멜라토닌으로 전환해 사용한다는 점이다. 말 그대로 행복한 사람이 잠도 잘 자는 것이다. 숙면을 위해 낮 동안 햇볕을 쬐는 것이 얼마나 중요한지 이제 이해되시는지? 30분에서 1시간 정도 산책하는 활동이 불면증을 해소할 수 있는 처방전이 되는 이유다.

마흔이 넘어 갑자기 불면증이 심해졌다면 이 두 호르몬과 연관이 깊다. 노화가 시작되면 신경전달물질 수용체가 멜라토닌의 양만큼 힘을 발휘하지 못하기 때문이다. 예순 살이 되면 멜라토닌의 원래 생산량 중 80퍼센트를 잃는다고 하니, 아이들은 낮잠도 잘 자는 반면 노인은 밤잠도 자주 깨는 이유가 짐작될 것이다. 나 역시 40대 초반까지는 누가 옆에서 폭탄을 터트려도 잘 잤지만(실제로 외국에서 생활할 때 옆 동네에서 총격전이 벌어졌는데도 모르고 잤다) 작년부터는 잠귀가

밝아져 누가 조금만 부스럭거려도 잠을 깨고 다시 잠드는 데도 시간
이 걸린다. 이제는 수면 환경에 무엇보다도 신경을 쓰고 있다.

습관 처방

나만의 수면 루틴 만들기

수면 루틴이 없다면 만들어보길 추천한다. 내 경우 밤 10시가 되면
딸과 침대에 누워 동화책을 두 권 정도 읽어주고 잠드는 게 루틴이다.

:　　　숙면 방해 요소 체크하기

숙면을 방해하는 요소는 생각보다 다양하다. 걱정, 불안, 스트레스 같은 심리 요인부터 통증, 가려움, 열감 같은 신체 요인까지 모두 불면을 유발한다. 낮에 햇볕을 쬐며 가벼운 운동을 하는 한 가지 처방만으로는 부족할 수 있기에 좀 더 여러모로 노력을 기울여야 한다. 다음 내용 중 시도해본 것을 체크하고, 아직 시도해보지 않은 방법이 있다면 몇 가지를 골라 수행해보자.

■ 첫째. 수면 환경 점검하기

☐ 암막 커튼을 달아 침실을 어둡게 만든다. 멜라토닌은 빛이 있으면 잘 생성되지 않는다.

☐ 침실 온도를 약간 서늘하게 한다. 15도에서 20도 사이가 적당하다. '겨울에는 뜨끈한 게 최고지'라고 생각해 실내 온도를 뜨겁게 하면 오히려 숙면에 방해되고 감기에 취약해진다.

☐ 소음을 최소화한다. 혹여 옆집 혹은 층간에 소음이 심하다면 백색소음을 사용하는 것도 방법이다. 한 연구에 따르면 백색소음은 수면을 방해하는 가청 주파수 내 소음을 차단해준다. 요즘은 유튜브에서 무료로 이용할 수 있으니 참고하자.

■ **둘째. 수면 계획 짜기**

☐ 매일 같은 시간에 자고 일어난다. 습관적으로 특정 시간에 잠들면 몸이 해당 수면 주기에 맞춰 움직이게 된다. 핵심은 주말에도 똑같은 시간에 잠들고 일어나는 것이다.

■ **셋째. 잠자리 습관 만들기**

☐ 잠자리에 들기 전 주기적으로 할 수 있는 활동을 만든다. 이를테면 불을 어둡게 하거나 세수와 양치질을 한 뒤 탁상전등을 켜고 침대에서 가장 좋아하는 책을 읽는 등, 잠들기 전 순서대로 반복하면 신체와 뇌는 자연스럽게 잘 시간이 되었음을 알아차린다. 뇌도 길들일 수 있다.

■ **넷째. 명상하기**

☐ 불안이나 과도한 스트레스가 있다면 잠들기 전 먼저 마음을 가라앉히는 명상을 한다. 낮 동안 기분을 심란하게 한 모든 일에 관해 마음을 차분하게 하면 편안히 잠들 수 있다.

■ **다섯째. 숙면을 방해하는 활동 피하기**

☐ 잠들기 1시간 30분 전에는 술이나 담배를 피한다.

☐ 잠들기 1시간 30분 전에는 땀에 젖을 정도의 운동을 피한다.

☐ 잠들기 3시간 전에는 모든 식사를 멈춘다. 위의 내용물이나 위산이 식도로 역류할 위험이 있다.

- **여섯째. 수면 방해 요소 해결하기**

☐ 통증, 가려움증, 알레르기 비염 증상 등이 있다면 잠들기 몇 시간 전에 약을 먹고 조절한다. 밤이 되면 증상에 오롯이 집중하게 돼 심하게 느낄 수 있다. 평소 피로감이 심하거나 두통, 식은땀, 코골이, 숨 막힘, 특히 수면 중 호흡곤란이 있다면 굉장히 중요한 사안이므로 의사에게 상담해볼 것을 권한다. 여성은 남성보다 기도가 좁아 코를 크게 골지 않아도 수면무호흡일 가능성이 있다. 50대 이상 환자는 완경기 증상과 구분이 어려워 지나칠 수 있으니 의심된다면 반드시 상담해보자. 수면무호흡을 방치하면 심장마비, 뇌졸중, 당뇨 등의 위험률을 높인다.

- **일곱째. 마실 것에 주의하기**

☐ 잠들기 3시간 전에는 카페인이 든 음료를 마시지 않는다. 커피, 녹차, 홍차 등 생각보다 많은 음료에 뇌를 각성시키고 수면을 방해하는 카페인이 함유돼 있다. 불면증이 있다면 이런 음료를 완전히 끊는 것도 방법이다. 대신 캐모마일, 인삼 등을 먹어보는 것을 추천한다.

Take
4

수상한 나이를
이겨낼
사소한 습관들

몸과 마음의 격동기를 지날 땐
호르몬부터 챙겨라!

; 범인은 바로
갑상선호르몬이야!

　추리소설에 몰두하던 때가 있었다. 초등학교 고학년 겨울 방학이었다. 뜨뜻한 방구석에 배를 깔고 누워 동생이 만들어준 설탕 떡볶이를 먹으며(동생과 나는 종종 독창적인 요리를 해서 서로에게 맛보라며 갖다주곤 했다. 상상할 수 없이 이상한 맛이 나기도 했지만 대부분 서로에게 관대했다) 애거 크리스티의 소설을 한 권 한 권 독파해나갔다.

　우리가 이 작가에게 매료된 이유는 책이 끝날 때까지 절대 쉽게 범인을 추리할 수 없는 긴장감을 주기 때문이었다. 이 사람이 범인이라 확신하는 순간 짜잔 하고 전혀 다른 곳에서 범인이 드러났다. 반전을 끌어내는 데도 전혀 억지가 없었다. 범인을 알아내고 다시 꼼꼼히 되짚어보면 놓친 단서에 힌트가 숨어 있어서 다음엔 꼭 맞히리라는 오기를 가지고 그녀의 소설을 또 읽을 수밖에 없었다.

의사라는 직업도 탐정과 비슷하다. 겉으로 드러난 증상 몇 가지로 우리 몸 깊이 숨어든 병을 추리해내야 한다는 점에서 말이다. 미영 씨 사례도 꼭 그랬다.

"선생님, 저 아무래도 갱년기인 거 같아요."

42세 미영 씨는 최근 자꾸 피곤하고 이유 없이 살이 찐다며 진료실을 찾아왔다. 비혼주의자인 그녀는 본래 활동적인 성격의 학교 선생님인데, 마흔이 될 때까지 꽤 체력이 좋은 편이었다. 퇴근 후 운동도 규칙적으로 하는 편이라 건강만큼은 큰 염려 없이 살고 있었다. 그런데 몇 개월 전부터 생리가 불규칙적으로 변하더니 크게 무리한 일도 없는데 피로가 심해지고 체중도 3킬로가 불었다. 이로 인해 그녀는 자신이 갱년기라고 거의 확신하고 있었다.

사실 피로와 체중 증가의 원인은 꽤 다양할 수 있어서 좀 더 병력을 들어보았는데, 미영 씨의 생각은 점점 더 확고해졌다. 근육 통증, 으슬으슬한 떨림, 아침에 손발이 붓는 느낌, 건망증, 무엇보다 한 번씩 얼굴이 뜨거워지는 증상까지, 그녀는 폐경이 다가올 때 호르몬 불균형으로 인해 나타나는 증상들을 가지고 있었다.

"폐경전 증후군인 것 같긴 한데……. 그래도 아직 단정 지을 순 없어요. 간이나 신장, 갑상샘처럼 다른 기관의 문제는 아닌지 하나씩 걸러가야 병을 놓치지 않을 수 있어요. 먼저 여성호르몬, 갑상선호르몬을 포함한 간단한 피검사와 소변검사를 해볼게요."

검사 결과 미영 씨의 갑상선호르몬 수치가 조금 불안정하게 나왔다. 뇌에서 갑상선호르몬을 분비하라고 명령하는 TSH(갑상선자극호르몬)와, TSH에 따라 분비되는 T3(갑상선호르몬 중 하나) 수치가 정상 범위에서 벗어나 있었다. 여성호르몬 수치 균형이 깨져 중년 여성의 갱년기 증상으로 치부될 수도 있었지만 진짜 범인은 다른 곳에 있었다. 초음파 검사에서 미영 씨는 갑상선에 조금 큰 혹이 있었고 이어진 조직검사에서 혹이 악성으로 진단돼 수술이 결정됐다.

미영 씨는 운이 좋은 케이스였다. 갑상선 암은 대부분 아무런 증상이 없다가 대개 신체 검사 중 우연히 발견되기 때문이다. 목 앞부분에 혹이 만져지거나 목 주위에 림프절이 커진 것 같다면 병원에서 확인해볼 필요가 있다. 크기가 커지는 것 외에도 식도나 기도 압박, 결절로 인한 호흡곤란, 연하곤란(음식물을 삼킬 때 지나가는 감각이 느껴지거나 식도에 걸려 잘 넘어가지 않는 증상), 목소리 변화 등이 있다면 갑상선 문제를 의심해보자.

갑상선은 신진대사의 처음과 끝

갑상선호르몬은 신진대사를 조절하는 역할을 한다. 그래서 갑상선호르몬 분비에 장애가 생기면 곧바로 복합적인 문제가 발생한다. 피로와 감기, 붓기, 과체중, 피부 건조, 탈모, 변비, 근육통, 건망증, 우울증, 쉽게 부러지는 약한 손톱까지, 모두 신진대사에 문제가 생기면 발생할 수 있는 증상이다. 갑상선호르몬은 너무 많이 분비되어도 안 되고 너무 적게 분비되어도 안 된다. 신체 기능을 유지할 만큼 균형을 이루는 것이 중요하다.

갑상선이 어디 있는지 궁금하면 우선 거울을 보고 나비 한 마리를 찾아보라. 목 중앙 하단 쪽에 딱 붙어 있는 뚱뚱한 나비 한 마리를 발견했다면 관찰력이 정말 좋은 사람이다. 이 나비에선 꽤 정교한 피드백작용이 일어나고 있다. 앞서 언급한 갑상선자극호르몬 TSH가 뇌에서 분비되면 갑상선에서는 93퍼센트의 비활성 형태인 T4, 7퍼센트 정도의 활성 형태인 T3호르몬을 분비한다.

비활성호르몬 T4는 간에서 활성 형태로 전환되는데 이 호르몬은 이때부터 우리 몸 구석구석을 돌아다니며 신진대사를 조절한다. 인슐린, 코르티솔, 성호르몬 같은 다른 호르몬과 신호를 주고받으며 서로 영향을 미친다. T3호르몬 역시 많은 신체 부위에 영향을 미친다. T3호르몬은 세포핵에 있는 특정 수용체에 결합해 우리 몸의 난로인 미토콘드리아에서 지방을 연소시키고, 체내 시스템이 제 속도로 작용할 수 있게 만드는 신호를 DNA에 보낸다. 콜레스테롤 수치는 물론, 기억력, 체중, 탈모, 근육통, 변비 등 다양한 문제에 영향을 준다.

호르몬 균형을 맞추는 작은 식습관

갑상선호르몬 균형에는 식습관과 생활 습관, 환경 요소까지 모두 관여하기 때문에 단순히 수술이나 약 복용을 넘어선 종합적인 노력이 필요하다. 우선 글루텐과 과도한 콩 단백질 음식을 피하는 게 좋다. 글루텐이란 밀가루를 쫄깃하게 만드는 단백질 성분인데 이 성분이 간혹 장벽에 들러붙어 알레르기를 유발해 문제를 일으킨다. 글루텐이 느린 신진대사의 원인이 되는 갑상선 자가면역질환과 관련이 있다는 흥미로운 연구 결과도 있었다.

본인이 글루텐에 민감한지 그렇지 않은지 알기 위해 값비싼 검사를 해볼 수도 있지만 3주 정도 식단에서 글루텐이 포함된 음식을 끊어보고 몸이 어떻게 느끼는지 알아보는 것도 가성비 좋은 접근법이다. 글루텐이 많이 포함된 음식은 보리, 밀, 귀리, 호밀 등이 있는데 한국인이 좋아하는 빵, 면, 파스타 등이 다 밀로 만들어진다는 사실을 기억하자.

갑상선기능저하증으로 약을 먹는 환자는 지나친 콩 단백질 섭취도 영향을 줄 수 있으니 피하는 게 좋다. 갑상선 문제와 관련 있을 가능성이 있는 불소, 염소 처리된 물, 농약을 피하고 스트레스도 관리하자. 운동은 갑상선 분비작용을 촉진하고 세포들이 갑상선호르몬의 명령에 좀 더 민감하게 작용할 수 있도록 도울 수 있다.

사우나를 하면 갑상선에 영향을 끼치는 체내 독소를 빼는 데 도움이 된다. 해독작용은 갑상선 기능 향상에 중요한 역할을 하기 때문이다. 갑상선 기능을 돕는 미네랄, 요오드, 아연, 비타민A, 비타민D, 오메가3를 보충해 섭취하자. 그리고 무엇보다 갑상선 기능에 이상을 느끼면 검사를 받아 병이 깊어지기 전에 치료하는 게 중요하다.

:   **갑상선호르몬 상태
주기적으로 조사하기**

갑상선호르몬은 주변에 영향을 주는 요소가 너무 많아서 수시로 상태를 측정해보는 것이 좋다. 불현성 갑상선기능저하subclinicl hypothyroidism 란 갑상선 기능은 떨어졌으나 다행히 증가한 TSH의 도움으로 T4 수치 자체는 정상을 유지하는 상태를 의미한다. 이를 잘 모르고 계속 갑상선에 독이 되는 행동을 하면 병으로 진행될 수 있기 때문에 아래 표시된 갑상선 체크 문진표를 주기적으로 확인해 내 상태를 점검하자. 특히 갑상선호르몬 기능이 떨어지면 대사활동이 원활하지 못해 종일 에너지 부족 현상에 시달리기 때문에 이유 없이 단것이 계속 먹고 싶다면 갑상선 문제를 의심해보자. 다음 항목 중 6개 이상 해당하면 정밀진단을 받아보는 게 좋겠다.

■ 갑상선기능저하증 점검표

☐ 쉽게 피로하고 무기력하다.

☐ 남들보다 추위를 더 많이 탄다.

☐ 입맛은 없는데 체중이 자꾸 늘어난다.

☐ 최근에 목이 많이 튀어나왔다.

☐ 피부가 푸석푸석하고 모래같이 거칠게 변했다.

☐ 눈썹이 빠진다.

☐ 숨쉬기가 힘들다.

☐ 변비가 심해졌다.

☐ 얼굴이나 팔다리가 붓는다.

☐ 말과 동작이 느려졌다.

☐ 혀가 두껍고 커진 느낌이다.

☐ 쉰 목소리가 난다.

총 해당 개수:

직장생활 10년 차에 남은 건 고혈압?

수경 씨는 39세 직장인이다. 잦은 야근에 피곤을 달고 살아 우리 병원에서 한 번씩 수액을 맞고 가곤 한다. 당뇨 가족력이 있지만 수년 동안 검진상 아무 이상이 없어서 안심하고 있었다. 그런데 최근 단 음식에 대한 식탐이 생기고 끊임없이 목이 마르고 소변량이 늘어 몇 가지 검사를 실시했고, 수경 씨는 검사 결과를 들으러 다시 병원을 찾았다.

"뭐라고요? 제가 고혈압이라고요?"

"공복혈당과 당화혈색소 수치가 정상보다 조금 높게 측정되셨어요. 이제부터는 당뇨 관리도 하셔야 해요."

"제가 고혈압에다 당뇨라니……. 너무 충격적인데요. 저 아직 마흔도 안 됐어요……."

"너무 걱정 마세요. 아직 초기 단계라 생활 습관 관리만 잘하셔도 수치가 조절될 거예요. 단 지금부턴 인슐린 저항성을 낮추는 습관을 생활화하셔야 합니다. 고혈압, 당뇨, 고지혈증, 지방간 모두 인슐린 저항성이라는 같은 뿌리에서 열리는 열매들이에요."

"인슐린 저항성이요?"

수경 씨가 재차 되물었다. 인슐린이 처음 들은 단어는 아닐 테지만 그렇다고 익숙한 단어도 아닐 것이다. 인슐린은 우리가 빵, 떡, 면, 과당 같은 탄수화물 음식을 잔뜩 먹으면 췌장에서 분비되는 호르몬이다. 혈액 중 높아진 혈당을 낮추는 일을 하는 호르몬으로, 고혈당 상태가 지속되지 않도록 일종의 119 같은 역할을 한다고 보면 된다. 간세포에 명령을 내려 우선 쓸 당을 글리코겐으로 저장시키고, 남은 당은 쓸데없이 혈중에 돌아다니며 해를 끼치지 않도록 지방세포로 저장시킨다. 인슐린은 잘 훈련된 소방관 같아서 이런 작업을 규칙적으로 적당히 할 때는 전혀 문제 되지 않는다.

문제는 탄수화물을 과하게, 자주 섭취할 때 일어난다. 인슐린이 자주 출동하면 세포가 더이상 인슐린 말을 듣지 않는 '인슐린 저항성'이 발생한다. 대원들이 아무리 돌아다니면서 "응급"이라고 외쳐도 너무 자주 듣다 보니 귓등으로 흘려듣는 것이다. 그러면 몸은 더욱 많은 인슐린을 쥐어짜내고, 늘어난 인슐린으로 렙틴 같은 식탐 억제 호르몬의 활동이 방해받아 더욱 당이 높은 음식들을 탐하는 악순환이 시작

166

된다. 무분별한 음식 섭취가 인슐린을 지치게 하고 세포도 지치게 해 혈당을 일정 수준으로 유지하지 못하는 상황이 되는 것이다.

인슐린 저항성을 잡아라!

평소 기름진 음식을 먹지 않는데 어떻게 지방간에 이상 지질혈증(혈액 중 지방질이 많은 상태)이 생겼는지 의아해하는 환자들이 있다. 이들의 식단을 조사해보면 주로 밥에 김치, 채소 절임을 즐겨 먹는다. 문제는 다른 반찬을 잘 먹지 않는 대신 삼시 세끼 하얀 쌀밥을 챙겨 먹거나 국수나 빵 등으로 끼니를 때우는 경우가 많다는 것이다. 앞서 설명한 것처럼 혈당을 급하게 올리는 음식은 인슐린 저항성을 높여 인슐린을 과도하게 분비하게끔 만든다. 세포가 말을 잘 듣지 않으니 문제해결을 위해 인슐린 대원을 있는 대로 모두 출동시키는 것이다.

혈액 속 당은 우선 세포들이 필요할 때 손쉽게 에너지로 사용하도록 간에 글리코겐으로 저장된다. 문제는 나머지 당인데, 그나마 인슐린이 제 역할을 하는 동안은 이 당이 지방으로 전환돼 간에 차곡차곡 쌓인다. 그런데 이렇게 계속 지방이 쌓이면 지방간의 원인이 된다. 지방간은 만성피로와 고혈압, 당뇨, 고지혈증을 몰고 다닌다. 이들 병 중

하나에 걸리면 시차를 두고 다른 병을 초대해 환자를 서서히 협심증, 심근경색, 뇌졸중 같은 혈관병으로 향해가는 열차에 탑승시킨다. 물론 이런 병들은 가족력의 영향이 크지만 마흔 넘어 진단받은 경우라면 생활 습관 때문인 경우가 많다.

식탁을 조금씩 바꿔나가야 한다

당뇨에 걸리기 쉬운 유전자를 똑같이 가지고 있는 사람일지라도 어떤 식습관을 갖고 있느냐에 따라 관련 유전자가 발현되기도 하고 억제되기도 한다는 '영양 유전학'이 최근 의학계의 조명을 받고 있다. 흥미로운 사실 같지만 이미 짐작하고 있던 내용이 과학적 근거로 증명되었을 뿐이다. 혹시 앞서 언급된 병 중 하나를 진단받았다면 약 처방이 모든 것을 해결해주리라는 환상을 버리고 식습관부터 전면 수정해야 한다. 오랫동안 특정 고지혈증약을 먹으면 혈당이 상승할 수 있다는 것을 알고 있는가? 어떤 종류의 고혈압약은 고지혈증과 당뇨 위험을 올리기도 한다. 즉 인슐린 저항성을 해결하지 못한 상태에서 약에 의존하면 일시적으로 병이 해결된 것처럼 보일지 몰라도 당뇨, 고지혈증, 지방간, 협심증 등 감당 못할 병들이 줄줄이사탕처럼 덮칠 수 있다.

인슐린 저항성을 낮추려면 어떻게 해야 할까? 우선 빵, 떡, 면, 백미, 음료수는 식단에서 버리는 게 좋다. 단번에 모두 끊기는 힘들 테니 서서히 제거해가면서 최종 목표는 삶의 즐거움을 위해 이것들을 아주 가끔 먹는 정도로 해야 한다. 그 밖에 몸에 해로운 지방, 당 수치를 급하게 올리는 과일, 기름이 많이 낀 육류도 조심해서 섭취할 필요가 있다. 이를 위해 혈당 지수와 혈당 부하 지수가 뭔지 알아두는 게 좋겠다.

우선 혈당 지수(GI지수)는 개별 음식을 먹은 후 혈당 상승 정도를 수치로 표현한 것이다. 수치가 55 이하면 저혈당 지수로 간주하며 인슐린 저항성을 개선하고 싶다면 35 이하 음식을 먹는 것이 좋겠다. 하지만 GI지수는 사람들이 실제로 먹는 양을 고려하지 않고 계산하기 때문에 현실에서 이용하기에 한계가 있다. 예를 들어 수박은 GI지수가 60~80 정도로 꽤 높은 편인데, 실제 먹는 양을 고려해 계산한 혈당 부하 지수는 4 정도여서 실제 섭취 시에는 혈당 조절에 문제 되진 않는다. 따라서 단순히 GI지수만 따지기보다는 혈당 부하 지수(GL지수) 10 이하를 기준으로 음식 섭취 여부를 결정하는 게 더 합리적이다.

GL = GI지수 × 1회 섭취량에 함유된 탄수화물의 양 ÷ 100

근육 운동도 인슐린 저항성 개선에 많은 도움이 된다. 우리 몸에 있는 근육 중 비교적 큰 비중을 차지하는 허벅지 근육을 강화할 스쿼트 같은 운동을 추천한다. 사실 젊은 나이에 합병증이 예견된 만성병을 진단받으면 대부분 적잖은 충격에 휩싸인다. 하지만 병의 초기 단계에는 우리 몸이 작용하는 기본 원리를 이해하고 지친 인슐린을 쉽게 해주면 약을 먹지 않고도 해결할 수 있으니 힘을 내보자.

GI, GL 지수 공부하기

인슐린 저항성을 개선하려면 내가 한 끼 열량을 얼마나 섭취했는지가 아니라 무슨 음식을 먹었는지 알아야 한다. 당 수치를 급하게 올리는 음식은 인슐린 저항성을 악화시키고 만병의 근원이 된다. 그동안 무심코 먹어온 음식 중 피해야 할 음식이 무엇인지 알아보자. GI지수는 0 이상 55 이하일 경우 낮음, 56 이상 69 이하일 경우 보통, 70 이상일 경우 높음으로 구분한다. GL지수는 10 이하일 경우 저혈당식품, 20 이상일 경우 고혈당식품으로 분류한다. GL지수를 기준으로 GI지수를 참고해 음식을 섭취하는 것이 합리적이다. 대부분 채소는 혈당을 급격히 올리지 않는다. 밀가루와 설탕이 든 가공식품을 줄이고 채소, 양질의 단백질, 몸에 좋은 통곡물 위주의 식사를 하는 것만으로도 혈당 조절에 큰 도움이 될 것이다.

GI 지수가 높은 음식

음식	GI 지수	GL 지수
바게트	95	14
콘플레이크	92	24

GI 지수가 낮은 음식

음식	GI 지수	GL 지수
감자	54	11
고구마	48	16

떡	91	19		현미	48	20
흰쌀밥	86	37		우유	34	4
구운 감자	83	25		사과	34	5
구운 고구마	82	37		삶은 병아리콩	31	9
도토리묵	71	7		강낭콩	23	6
수박	72	4		당근	16	1
크래커	79	12				
현미밥	66	21				

배가 늘 더부룩하니 살맛이 안 나요

39세 혜영 씨는 꽤 유명한 소설가이다. 성격이 호탕해 언제나 활기차 보였지만 올해 들어 갑자기 육체적으로 극심한 피로감을 호소했다. 소화가 잘 안 돼 배가 늘 더부룩한 것 외에 특별히 다른 증상이나 진단받은 병도 없어 혜영 씨는 자신의 상태를 당황스러워했다.

몇 개월 전부터는 작품 작업을 중단하고 집에서 요양을 시작했지만 피로감은 사라지지 않았다. 갑상선호르몬을 포함한 건강검진에서도 이상소견은 없었다. 소화불량으로 나를 찾아왔을 때 혜영 씨 얼굴에는 화사했던 웃음이 사라진 상태였다.

"피곤해서 죽을 것 같아요, 선생님. 이유가 뭘까요? 다시는 건강하게 생활할 수 없을 것 같다는 생각만 자꾸 들어요."

"못 본 사이에 마음고생이 심하셨네요. 피로감과 소화불량 외에 다른 증상은 없으세요?"

"자리에서 일어날 때 머리가 핑 도는 느낌이 심해졌어요. 요즘은 더 심해져서 지난번엔 넘어질 뻔했다니까요. 원형탈모도 생기고, 가끔 귀에서 매미 소리 같은 게 들리고요. 삶에 대한 의욕도 하나도 없어요."

"소화불량은 좀 어떠세요?"

"피곤해서 거의 누워 있는데 그래서 소화가 더 안 되는 것 같아요. 늘 더부룩해요. 그런데 달고 짠 음식에 자꾸 손이 가요. 단 걸 먹으면 조금 힘이 나는 거 같아서요."

"일단 혜영 씨는 부신 기능에 문제가 없는지 확인해봐야겠어요."

"부신이요? 간이나 신장은 들어봤어도 부신은 처음 들어봐요."

몸의 항상성을 유지하는 기관

부신은 양쪽 신장 위에 있는 아주 작은 기관이지만 생명 유지에 정말 중요한 역할을 하는 호르몬을 만든다. 크기는 손가락만 한데 안쪽은 수질, 바깥쪽은 피질로 구성되며 각각 만들어내는 호르몬도 다르다. 부신수질에서는 일명 아드레날린으로 알려진 에피네프린이 분비돼 위급한 스트레스 상황에서 빠르게 대처하도록 혈압과 혈

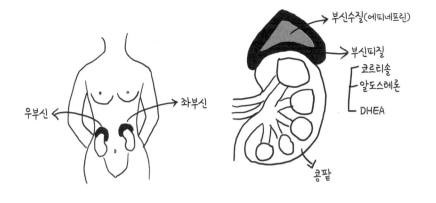

당, 근력을 상승시킨다. 말도 없이 집에 늦게 들어온 남편과 싸울 때 우리 몸에 일어나는 일을 상상해보면 된다.

반면 부신피질에서 분비되는 호르몬은 우리 몸이 항상성을 유지하게끔 돕는다. 말다툼한 후 상승한 혈압과 혈당을 진정시켜 일정하게 유지하고 항염증과 면역 기능을 조절한다.(흥분 상태를 계속 유지하면 생명이 위태롭다.) 이런 역할을 하는 대표적인 부신피질호르몬이 코르티솔이다. 병원에서 알레르기나 염증을 치료하기 위해 처방하는 스테로이드를 체내에서도 생산한다고 보면 된다.

문제는 스트레스가 너무 오래 지속될 때 생긴다. 부신도 어느 순간이 되면 지쳐 부신기능저하증이 생기는데, 이로 인해 성호르몬으로 전환되는 생식호르몬 DHEA 분비가 먼저 멈추고, 그다음으로 코르티솔, 마지막으로 생명 유지에 필수적인 혈압을 조절하는 알도스테론까지 분비가 멈춘다.

혜영 씨를 살펴보면 타액 검사에서 부신호르몬의 균형이 심하게 무너진 것을 알 수 있었다. 아마 소화액이 부족한 상태에서 무리하게 식사해 소화가 덜 된 음식 찌꺼기들이 장누수증후군을 유발하고, 그로 인한 만성염증이 스트레스에 대항하는 코르티솔 분비를 자극했을 가능성이 있다. 게다가 주로 야간에 집필 활동을 하다 보니 밤낮이 바뀐 생활 방식도 부신을 피로하게 했을 것이다. 코르티솔은 생체리듬에 따라 잠들기 직전 가장 적게 분비되고 새벽 세 시부터 날이 밝을 때까지 점점 분비량이 늘어나는데 야간에 깨어서 활동하면 이 리듬에 균열이 일어난다.

혜영 씨에게는 혈액순환이 원활하지 않고 팔다리가 붓는 등 몇 가지 갑상선기능저하증 증세도 관찰됐다. 분명 장 누수로 인한 염증이 갑상선에도 영향을 주었으리라. 결국 혜영 씨의 극심한 만성피로는 갑상선과 부신, 소화작용의 균형이 깨져서 발생한 것이다. 얼핏 문제가 산발적으로 발생한 것처럼 보일지 모르나 사실 우리 몸은 정교한 톱니바퀴처럼 서로 영향을 주고받으며 굴러가고 있다. 그래서 항상 어느 한 곳이 망가지지 않았는지 미리 점검하고 보수할 필요가 있다. 바퀴의 작은 균열이 돌이킬 수 없는 결과를 끌어내지 않도록 말이다.

혜영 씨는 우선 올빼미 생활을 청산하고, 부족한 소화액을 보완하도록 식전 30분부터 식후 1시간 동안 물 마시지 않기, 식사할 때는 음식물을 최소한 30번 이상 씹어 삼키기 등 방법을 안내해드렸다. 현재 그녀는 다시 돌아갈 수 없을 것 같았던 건강한 생활을 거짓말처럼 되찾았다.

혹시 내가 부신피로증후군일까?

이유 없이 피곤하고 기운이 없다면 부신 건강을 확인해보자. 8개 이상 해당하면 부신피로증후군을 의심해야 한다.

■ 부신피로증후군 점검표

- [ ] 아침에 일어나기 힘들다.
- [ ] 잠을 자도 피곤이 풀리지 않는다.
- [ ] 염분과 당 섭취가 늘어났다.
- [ ] 기력이 없고, 일상생활이 힘들다.
- [ ] 성욕 감퇴가 있다.
- [ ] 스트레스 대처 능력이 떨어졌다.
- [ ] 한번 몸이 아프면 회복이 잘되지 않는다.
- [ ] 갑자기 일어설 때 어지럽다.
- [ ] 피로하고 허약해졌다.
- [ ] 생리전증후군이 심해지거나 생리통이 심해졌다.
- [ ] 식사가 늦어지면 짜증이 심해진다.
- [ ] 집중력, 기억력, 인내심이 떨어졌다.

- [ ] 저녁 후에 기분이 나아지곤 한다.

- [ ] 업무 생산성이 떨어졌다.

- [ ] 우울, 공포, 불안이 있다.

- [ ] 혈당 수치가 비정상적이다.

- [ ] 면역력이 떨어졌다.

- [ ] 근육량이 적어지고 골감소증이 있다.

- [ ] 알레르기 반응이 증가했다.

- [ ] 가려움증, 건조함 등 피부질환이 있다.

- [ ] 자가면역질환이 나타났다.

- [ ] 갱년기 증상이 심해졌다.

- [ ] 근육통이 여기저기 있다.

총 해당 개수:

너무빨리생리가 끊긴건아닌가요?

　　세리 씨는 두 아들을 둔 46세의 약사다. 좁은 약국에 늘 앉아서 생활하다 보니 최근 목에서 어깨로 내려오는 만성통증이 심해 자주 병원을 찾았는데, 수개월 전부터는 생리도 끊겼다며 침울한 목소리로 말했다.

　　"이제 여자로서 끝난 거 같아요. 생리도 왔다 갔다 하고 툭 하면 얼굴이 달아오르고 가슴이 뛰어서 생활이 안 돼요. 만사에 의욕이 없고 우울하기도 하고……. 활력이라도 다시 찾을 방법이 없을까요, 선생님?"

　　"마지막에 생리하신 게 언제세요?"

　　"석 달 전에 약간 비치는가 싶더니 이제 소식도 없어요."

　　"폐경이란 난소가 기능을 상실해서 무월경이 1년 이상 지속되는 상태를 말해요. 이때가 되면 에스트로겐, 프로게스테론, 테스토스테론 등의 수치가 심하게 변하는데, 사람에 따라서는 그에 따른 증상이 10년 전부터 나타나기도 해요. 마흔 즈음 골밀도에 변화가 나타나고 마흔 중반이 되면 월경 양이 줄고 주기가 짧아지거나, 반대로 양이 늘고 주기가 길어지기도 하고요."

"그래도 마흔다섯밖에 안 됐는데 너무 빨리 찾아온 것 아닌가요? 친구들보다 빠른 것 같아 더 우울해요."

세리 씨에게는 내 말이 잘 들리지 않는 거 같았다. 정상적인 폐경 시기는 원래 45세에서 55세 사이여서 세리 씨가 조기 폐경을 겪는 건 아니지만, 그렇다고 그녀의 낙심이 이해되지 않는 건 아니었다.

"폐경 시기는 유전적 영향도 있어서 개인마다 차이가 있을 수 있어요. 그밖에 수술이나 방사선·항암치료, 환경호르몬, 자가면역질환, 무리한 다이어트, 스트레스에 영향을 받을 수도 있고요. 혹시 이 중에 해당하는 게 있으세요?"

"우리 어머니는 오십이 훨씬 넘어서 폐경하셨는걸요. 제가 다른 병이 있었던 것도 아니고요."

"그럼 부신에 문제가 있을 가능성도 있는데……. 혹시 최근에 스트레스를 좀 받으셨나요?"

"스트레스야 늘 받죠……. 우리 집 둘째가 ADHD거든요. 툭하면 학교에서 전화 오고. 항상 살얼음판을 걷는 것 같은 생활이 벌써 3년째에요……."

폐경에 이르는 길에도
차이가 있다

우리 몸에서 여성호르몬인 에스트로겐을 만드는 공장은 두 군데다. 모두가 알고 있는 난소와 조금 덜 알려진 부신이 그 두 곳인데, 갱년기가 되면 난소는 폐업을 선언하지만 건강한 상태라면 부신은 여전히 에스트로겐을 만들어 신체 균형을 유지하도록 돕는다. 그런데 만약 부신 또한 건강하지 못하다면 어떻게 될까. 스트레스가 심해지면 부신에서 나오는 호르몬 중 DHEA가 가장 먼저 영향을 받아 분비가 줄어든다고 이야기한 것을 기억하는가?

부신에서 분비되는 DHEA는 성호르몬을 만드는 전구체여서 정상적으로 분비되면 남성이나 여성의 신체 특징을 계속 유지하도록 돕는다. 그런데 만약 오랫동안 스트레스에 시달려 몸이 만성염증 상태가 되면 부신이 이를 해결하기 위해 염증 억제 호르몬인 코르티솔을 과도하게 분비하는데, 몸은 생명 유지와 관련이 있는 코르티솔을 더 중요하게 생각하기 때문에 위기 상황에서는 생식호르몬인 DHEA를 포기하고 코르티솔을 더 만들고자 노력한다. 스트레스로 부신이 극도로 피곤해지면 생리가 멈추거나 폐경 증상이 심해지는 이유가 여기 있다. 평소 폐경 증상이 너무 심하거나, 폐경기가 지난 60대에도 폐경 증상이 있다면 스트레스를 관리할 필요가 있다.

우선 내가 갱년기인지 아닌지 정확한 진단부터 필요할 것이다. 폐경의 초기 증상으로는 안면홍조, 피부건조증, 수면장애 등이 생길 수 있다. 또 시간이 지날수록 식은땀, 무력감, 우울증, 기억력장애, 관절통과 근육통, 두통, 유방 통증, 질 건조증, 잔뇨감과 요실금, 가슴 두근거림 같은 증상이 더해지는데 통상적으로 3~5년 정도 지속된다. 이것도 개인차가 있어서 어떤 사람은 거의 느끼지 못하고 가볍게 지나가는데 어떤 사람은 수개월 동안 짧게 앓다가 완화되기도 하고, 또 어떤 사람은 10년 이상 불편감을 호소하기도 한다.

폐경에 이르는 길에도 차이가 있다. 제주도 트래킹 코스에 비유해 설명해보자면 첫 번째는 올레길 코스로 난소가 하나라도 기능하는 건강한 여성에게 45~55세 사이에 찾아온다. 대개 5년에서 10년 정도 서서히 진행되는 코스여서 신체가 적응할 충분한 시간이 있어 몸에 오는 무리가 적다. 대부분 여성이 여기에 해당한다. 두 번째는 경사가 비교적 큰 한라산 코스로 특정 질병이나 만성적인 스트레스로 인해 30~40대 초반 여성에게 비교적 일찍 찾아오는 조기 폐경을 말한다. 이 경우 1~3년 만에 급격한 변화가 찾아와 적응에 어려움을 느끼는 경우가 많다. 마지막은 오름 코스다. 수술이나 방사선 치료, 화학요법, 폐경을 유발하는 약 투여 등으로 인해 갑자기 시작되는 과정으로 신체 적응 기간이 너무 짧아 극심한 불편함을 느낄 수 있다.

저마다 사정이 있는 많은 분이 호르몬대체요법을 궁금해한다. 호르몬대체요법은 과연 안전한 걸까? 이에 대해서는 의사들 사이에서도 찬반양론이 있다. 지난 수십 년 동안 득과 실에 대한 논문이 학계에서 각기 다른 주장을 하며 발표되고 있기 때문이다. 여러 논문을 종합해 볼 때 호르몬대체요법이 완전히 안전한지는 아직 정확하게 답하기는 어렵다. 하지만 증상이 너무 심하다면 의사와 상담하에 폐경 시작 후 10년 이내에 시행하는 게 좋다. 60세 이상 여성에게는 부작용의 위험성이 크다는 사실을 알고 있어야 한다. 또 오랜 기간에 걸쳐 시행하기보다는 3~5년 정도 단기간에 시행하는 것이 좀 더 안전한 사용법이다. 더불어 2019년에 발간된 〈폐경호르몬요법 치료 지침〉에 따르면 진단되지 않은 질 출혈, 에스트로겐 의존성 악성종양, 유방암, 활동성 혈전색전증, 활동성 간질환 또는 쓸개질환이 있을 때는 호르몬대체요법이 절대 금기되니 참고하자.

부신 기능을 확인하기 위해 시행한 검사에서 세리 씨는 오랜 기간 정신적인 스트레스로 인한 부신기능저하증으로 진단됐다. 생활 습관 교정과 치료를 통해 현재는 다시 생리가 시작됐고, 세리 씨는 그녀를 괴롭혔던 여러 폐경 증상에서 해방됐다.

부신 기능 높이는 습관

작은 스트레스에도 짜증이 나고 피곤해지는가? 부신기능저하증을 의심해보라. 부신 기능이 떨어진 사람은 늘 에너지가 부족한 상태라 아침에 일어나서도 개운하지 않고 자주 당이 떨어지는 느낌을 받는다. 하지만 부신의 상태가 좋지 않을 때 단당류 음식은 독이다. 항산화 효소와 섬유질이 가득 든 야채와 통곡물, 적당한 단백질 위주 식사가 중요하다. 에너지가 너무 떨어졌다면 운동으로 인한 산화 스트레스도 부담될 수 있기에 격렬한 활동보다 요가, 스트레칭, 걷기 등 가벼운 운동을 해보자. 에너지가 생기면 플랭크 같은 근육 운동을 적당히 시작하는 것도 좋다. 무엇보다 스트레스의 가장 큰 해독제라고 할 수 있는 하루 7시간 수면 시간은 꼭 지키자.

우리 몸에 잔잔한 산불이
끊이지 않고 계속된다면?

　　홍경 씨는 사춘기 때도 없었던 여드름이 30대 초반에 나기 시작해 수년간 지속되자 스트레스가 이만저만이 아닌 상태였다. 우리 병원을 찾았을 당시 홍경 씨 얼굴은 청소년처럼 이곳저곳 검붉은 흉터로 얼룩져 있었다. "성인 여드름이네요"라는 내 말에 홍경 씨는 억울하다는 듯 물었다.

　　"여드름은 피지 분비랑 관계있다고 하던데 저는 속 건조감이 심한 사람이에요. 세수하고 보습제를 조금만 늦게 발라도 얼굴이 너무 건조한데 어떻게 제가 여드름일 수가 있죠? 청소년 시절에도 안 났었다고요."

　　홍경 씨 말이 맞다. 우리가 일반적으로 아는 여드름은 피지의 과다 분비로 모공이 막혀 발생하는 피부질환이다. 특히 사춘기에 남성호르몬 증가와 그에 따른 피지 분비 증가, 여드름균의 증식 등으로 인해 발생한다. 이에 반해 성인여드름의 경우 불규칙한 생활과 식사, 수면 부족, 정신적인 스트레스 같은 생활 습관과 깊은 관계가 있다. 홍경 씨가 병원에 가서 약도 먹고 관리도 받았지만 금방 다시 여드름으로 고통받은 이유가 이 때문일 것이다.

홍경 씨에게 일단 중요한 건 스트레스로 인한 코르티솔과 남성호르몬 분비량 증가를 막는 일이었다. 코르티솔은 여러 경로로 피부 면역에 영향을 미쳐 정상적으로 존재하고 있는 여드름의 병인 세균을 자극하고, 이로 인해 여드름이 악화될 수 있다는 연구가 있다. 스트레스 때문에 증가한 남성호르몬 안드로겐 역시 피지선을 자극해 피지 분비량을 늘리고 성인 여드름의 원인이 될 수 있다.

동시에 만성염증을 줄이려는 노력도 필요했다. 만성염증이 코르티솔 분비를 자극하는 문제도 있지만 무엇보다 홍경 씨 얼굴의 검붉은 흉터와 관계있어서다. 손에 상처가 났을 때를 생각해보자. 몸에서는 면역세포를 출동시켜 염증 반응을 일으킨다. 다친 부위가 아프고 붓고 붉게 변하는 것은 면역세포가 몸에 일어난 문제를 해결하고 있다는 뜻이다. 불이 나면 소방관이 출동해 화재를 진압하는 것과 같다. 염증을 뜻하는 단어 'inflammation'가 '불을 지르다'라는 뜻인 라틴어 'inflatio'에서 유래된 건 우연의 일치가 아니다. 홍경 씨 얼굴에도 울긋불긋 소방관이 출동한 흔적이 보였다.

우리 몸에 잔잔한 산불이 끊이지 않고 지속되면 어떻게 될까? 맹장염같이 눈에 띄는 큰 산불은 소방차가 출동해서 꺼버리면 되지만 산발적인 잔불은 면역계를 쉬지 않고 긴장시켜 지치게 만든다. 염증이 생겨도 효과적으로 제거하지 못한다. 이런 상황이 계속되면 관절염, 당뇨, 고혈압 같은 만성질환이나 치매 같은 질환에 더 취약한 체질이 되는데 설상가상으로 긴 시간 교전에 지친 면역세포가 적군과 아군을 잘 구분하지 못해 아토피, 류마티스관절염, 원형탈모 같은 자가면역질환을 악화시키기도 한다. 2004년 미국 〈타임〉지는 미세염증을 'The silient killer(침묵의 살인마)'라고 비유해 크게 기사화하기도 했으니 만성염증의 위험성은 더 말할 필요가 없을 것이다. 홍경 씨의 여드름은 아주 작은 신호에 불과하고, 진짜 위험은 아직 드러나지 않았을 수도 있다는 이야기다.

문제는 최종당화산물에 있다

만성염증이 의심되는 환자의 상태를 개선하기 위해서는 단순탄수화물이나 트랜스지방이 많은 식단이 아닌지, 장누수증후군이나 바이러스, 박테리아 등의 문제가 있는 건 아닌지 염증의 근본 원인을 살펴보고 해당 사항이 있다면 제거하는 게 중요하다.

하지만 그중에서도 평소 염두에 두면 좋은 것은 만성염증의 불씨인 AGE가 많이 든 식품은 피하는 것이다. AGE란 마이야르 반응(당과 단백질이 열로 인해 결합되어 일어나는 화학반응)이 생길 때 발생하는 최종당화산물Advance Glycation End products의 약자인데, 최종당화산물은 당독소glycotoxin 라고도 불리며 혈관벽과 췌장 등에 붙어 염증을 일으킬 수 있어 멀리할수록 좋다. 가공식품과 배달 음식은 물론 돈가스, 크로켓같이 노르스름한 튀김, 스테이크 등의 그을린 부분에도 AGE가 많이 포함돼 있다.

구수하게 그을린 음식은 식욕을 자극하지만 너무 많이 먹지 않도록 주의해야 한다. 혹시 튀김을 먹어야 한다면 레몬이나 유자 등을 짜서 먹으면 AGE를 조금 줄일 수 있으니 참고해보는 것도 좋겠다. AGE는 음식 조리법에도 큰 영향을 받는다. 특히 전자레인지를 사용하면 AGE 양이 급증하는데, 가능한 날것으로 먹고 가열할 필요가 있을 때는 찌거나, 삶거나, 끓여야 AGE를 덜 생성한다. 굽거나 튀기기보다 고기나 생선을 먼저 저온으로 찐 후 표면만 살짝 굽는 방법도 추천한다.

특정 영양소를 섭취해 염증을 잠재우는 방법도 있다. 가종 식물성 기름에 많이 함유된 오메가6 지방산은 염증을 일으키고 활성화하지만, 생선에 많이 들어 있는 오메가3는 염증을 잠재운다. 따라서 만성염증을 억제하려면 오메가6를 먹는 만큼 오메가3의 비율을 맞춰 먹어주는 게 좋은데 자연 상태에서 오메가3가 들어 있는 음식은 챙겨 먹기가 쉽지 않아 늘 오메가6를 초과 섭취해 몸이 염증화된다. 따라서 항염증 성분인 폴리페놀과 식이유황 등이 풍부한 음식을 먹어주는 것이 유리하다. 생강, 계피, 카레 등에 항염증 성분이 풍부하니 참고해 보자.

브로콜리, 시금치, 토마토, 당근 등 항당화 물질이 든 식품을 섭취하는 것도 만성염증 감소에 도움이 된다. 혈관 안쪽에 있는 내피세포는 혈당치가 높아지면 활성산소를 대량으로 만들어내는데, 앞서 언급한 녹황색 채소에는 항당화작용을 하는 지방산인 알파리포산이 많이 들어 있다. 알파리포산은 원래 체내에서 대사를 돕는 보조 효소 중 하나이지만 나이를 먹으면 감소하므로 의식적으로 챙겨 먹는 것이 좋겠다.

브로콜리 새순, 양배추, 콜라비 등에 함유된 설포라판을 섭취하는 것도 좋다. 설포라판은 식물에 들어 있는 천연 화학물질 피토케미컬의 일종으로, AGE 형성을 억제하고 세포가 가진 AGE 수용체인 RAGE Receptor of AGE 의 출현을 억제해 AGE의 축적량도 줄이는 것으로 알려져 있다.

당장 오늘 먹을 수 있는 음식으로 항염증 채소를 이용한 구운 채소 샐러드를 추천한다. 만드는 법은 아주 간단하다. 브로콜리, 당근같이 앞서 말한 채소를 먹기 좋은 크기로 잘라 끓는 물에 아주 살짝 데친다. 달궈진 팬에 올리브유를 두르고 채소를 가볍게 볶아준 후 소금과

후추로 간을 맞춰 먹는다. 준비하기가 조금 번거롭겠지만 염증이 생길 때 꾸준히 챙겨 먹으면 염증이 조금씩 가라앉는 것을 느낄 수 있을 것이다.

습관 처방

조리 방법 바꾸기

음식 재료를 무심코 튀기고 불맛이 날 때까지 태우듯 요리하는 습관이 있다면 이제부터 생으로 먹거나 찌거나, 삶거나, 끓이는 방법으로 조리법을 바꾸는 게 어떨까? 무심코 사용하는 에어프라이어, 전자레인지도 최종당화산물을 증가시키니 꼭 참고하자.

또래보다 더 늙어 보이고 싶다면 설탕을 권함!

다시 만난 홍경 씨의 피부는 한결 맑아 보였다. 색소침착은 남았지만 홍경 씨는 여드름이 더 생기지 않는 것만으로도 만족한다며 즐거워했다.

"AGE 음식을 피하고 주기적으로 항염증에 좋은 브로콜리와 당근을 살짝 구워 먹었더니 여드름이 좀 덜 나는 것 같아요. 그런데 가끔 달달한 음식을 먹고 나면 다시 여드름이 나는 것 같은데…… 단 음식이 염증이랑 관계가 있을까요?"

식습관 바꾸기가 쉽지 않았을 텐데 한 달 만에 새로운 궁금증으로 다시 병원을 찾은 홍경 씨가 대단하게 느껴졌다. 홍경 씨라면 그다음 미션도 수월하게 클리어할 수 있지 않을까 생각하며 나는 조심스럽게 '설탕 디톡스'를 제안했다.

"설탕 디톡스요?"

"네. 우리가 당을 과도하게 섭취하면 혈중에 포도당이 증가하는데, 이게 얌전히 가만히 있으면 좋을 텐데 단백질에 붙어서 나중에는 최종당화산물을 만들고 만성염증의 주범이 되거든요."

그래서 평소 내 몸의 포도당과 인슐린의 상황을 파악하고 있으면 좋다. 공복혈당은 90 이하로 유지하고 지난 3개월 동안의 혈당 조절 상태를 보여주는 헤모글로빈 A1c는 5.6퍼센트를 넘기지 않도록 관리하는 식이다. 내 말을 듣던 홍경 씨는 새로운 사실을 깨달았다는 듯 고개를 끄덕였다.

"선생님, 사실 제가 당뇨 전 단계거든요! 그래서 제가 그렇게 염증이……. 그런데 잘 이해가 안 가요. 전 원래 단 걸 잘 안 즐기는데 왜 당 수치가 높은 걸까요?"

"설탕을 싫어한다고 말하는 사람들도 알고 보면 단맛에 중독된 경우가 많아요. 사탕이나 쿠키, 달달한 티라미수 같은 음식은 보기만 해도 달지만, 스타벅스에서 매일 한 잔씩 사 먹는 캐러멜마키아토, 짠맛 뒤에 설탕이 숨은 음식들, 음료수나 가공식품도 다르지 않지요. 제품 영양성분표나 라벨에 '액상과당' '말토스' '덱스트로스' '전화당' '옥수수시럽' '콘시럽' 같은 단어가 있는지 한번씩 살펴봐보세요."

"그럼 무설탕 음식은요? 다이어트 콜라 같은 음료는 괜찮죠?"

그렇지 않아도 설명하려 했다. 홍경 씨에게 미안하지만 인공감미료

역시 단맛 중독에 빼놓을 수 없는 범인이다. 인공감미료는 단맛을 가진 화학물질로, 설탕이나 과당과 달리 당이 아닌 데다 칼로리도 없어 개발 당시 주목을 받았다. 나 역시 처음 다이어트 음료가 나왔을 때 살찌지 않는 음료라며 얼마나 마셔댔는지 모르겠다.

하지만 애석하게도 인공감미료는 다이어트에 친화적인 물질이 아니다. 우선 인공감미료는 과일과 야채 등 천연의 맛보다 단맛, 기름진 맛, 짠맛같이 더 자극적인 쪽을 선호하도록 미각을 변화시킨다. 의사이자 베스트셀러 작가인 마크 하이만은 《혈당 솔루션》에서 인공감미료는 배고픔과 포만감을 통제하는 정상적인 호르몬과 신경 신호를 교란할 수 있다고 이야기한다. 인공감미료가 든 음식을 먹은 쥐를 연구한 결과 이 쥐는 신진대사가 느려지고 설탕으로 맛을 낸 음식을 먹은 쥐보다 더 많은 열량을 소비하고 체중도 더 증가했다고 경고한다.

다이어트 음료를 마시는 사람이라면 최근 영국의학회지에 나온 인공감미료가 심혈관계질환 발생에 미치는 영향을 조사한 연구 결과도 주목할 만하다. 프랑스에서 진행된 이 연구는 평균 42세 10만 3,388명을 대상으로 시행되었는데, 인공감미료를 섭취한 사람은 그렇지 않은 사람과 비해 전체 심혈관계질환 발생률이 9퍼센트나 높았고, 그중 뇌혈관질환 발생 위험은 18퍼센트나 더 높았다. 인공감미료가 고혈압과 당뇨병, 고지혈증과 밀접한 관계가 있을 수 있음을 시사하는 것이다.

설탕은 잠자는 당뇨 유전자를 자극한다

환자들에게 설탕 디톡스를 강조하게 된 데는 개인적인 경험이 자리 잡고 있다. 내게 모닝커피는 예나 지금이나 삶의 큰 즐거움이다. 아침에 일어나면 무슨 의식을 치르듯 커피를 정성스럽게 내려 마셔야 하루가 상쾌하게 시작된다. 그래서 국경없는의사회의 일로 레바논으로 파견 갔을 때 가장 아쉬운 것 중 하나가 커피콩이었다. 간혹 동료들이 휴가를 다녀오거나 새로운 동료가 파견 올 때 커피콩을 가져와 함께 맛보는 횡재도 있었지만 대부분은 구경도 하기 힘들었다. 다만 베카 골짜기 마트에서는 설탕이 잔뜩 들어간 인스턴트커피는 손쉽게 구할 수 있었는데, 진료실에 들어가기 전 매일 들르는 사무실 부엌에는 인스턴트커피와 설탕에 절인 빵 바클라바로 간단히 아침 식사하는 현지 직원과 외국인 활동가로 붐볐다.

그렇게 나의 설탕 중독은 시작되었다. 원래 단 음식을 별로 좋아하지 않아 바클라바를 처음 먹었을 때는 레바논 사람들이 왜 이 설탕 덩어리 같은 맛에 그토록 열광하는지 이해할 수 없었다. 그런데 커피를 마시기 위해 어쩔 수 없이 매일 설탕을 먹기 시작하자 입맛에 변화가 생겼다. 하나둘 먹다 보니 어느새 스며들 듯 중독된 것이다. 달달한 커피와 그것보다 더 달달한 설탕에 절인 밀가루 튀김은 하루를 달콤하게 시작하는 마법이었다. 단맛에 입맛이 길들여지니 식습관도 바뀌었다. 한국에서는 기름기 없고 담백한 채소 위주 식사를 좋아했는데 점점 기름지고 자극적인 음식에 거부감이 없어졌다.

그러던 중 나의 설탕 사랑에 제동을 건 사건이 있었다. 우리 팀은 베카 계곡에서 시리아 난민의 만성질환 관리 프로젝트도 진행 중이었다. 당화혈색소를 측정할 수 있는 새로운 기계를 들여와 시범 테스트로 직접 검사를 받았는데 수치가 5.7이 나온 것이다. 아니, 맙소사. 5.7은 당뇨 전 단계에 해당한다. 키가 크고 마른 편이라 내게 당뇨는 그저 다른 나라 이야기였는데 말이다. 다행히 한국에 돌아와 다시 예전 식습관을 회복하자 수치가 정상 범위 내로 들어왔지만, 내게도 당뇨 경향성이 있다는 사실을 알게 된 잊지 못할 해프닝이었다.

설탕의 해악은 당뇨 유전자를 자극하는 선에서 그치지 않는다. 인슐린 저항성을 높이고, 만성염증을 자극하고, 대사율을 낮추고, 뱃살과 비만의 원인이 되며, 심장병·암·치매 등의 발병률에도 영향을 미친다. 그런데도 한국인들의 달고 짠 음식 사랑은 해가 갈수록 깊어지는 것 같다. 단맛에 빠지기는 쉽지만 그 유혹을 뿌리치기에 우리들의 뇌 구조는 너무 취약하다. 결과가 충치에서 그친다면 인생의 즐거움을 위해 '그까짓 충치쯤!' 하고 넘어갈 수도 있겠지만 달콤한 아이스크림을 디저트로 즐긴 대가로 심혈관계질환, 만성염증, 면역력 저하, 암에 대한 취약성, 온갖 알레르기질환을 얻어야 한다면 이야기가 달라진다.

단번에 설탕, 과당, 인공감미료를 끊어내는 것은 거의 불가능하다. 하지만 건강하고 실제 나이보다 젊어 보이는 깨끗한 피부를 위해서라도 설탕디톡스는 반드시 실천해보길 바란다.

습관 처방

당이 들어간 음식 체크하고 디톡스 계획 세우기

우리가 먹는 음식 중에 알게 모르게 당이 숨어 있다는 사실, 알고 있는가? 나만 해도 어제 하루를 되돌아보니 병원 점심 도시락에 포함된 백미, 간식으로 나온 핫도그, 저녁에 먹은 과일과 건포도 등으로 종일 당을 섭취하고 있었다. 사회생활을 하면서 완벽하게 당을 피할 수는 없다. 하지만 알고 먹는 것과 모르고 먹는 것은 천지 차이다. 당 섭취를 체크하는 습관을 만들자. 그러다 보면 나도 모르게 조금씩 줄여나가는 자신을 발견하게 될 것이다.

Take
5

앞으로도
꼿꼿하게
가보자고!

자세가 무너지면
우아한 인생도 무너진다

걸을 때 당신에게 일어나는 마법 같은 일

이혼하고 지쳐 있던 나를 다시 살린 건 '걷기'였다. 지금도 10년 전 무작정 운동화를 신고 집 근처 강변을 걸었던 날이 문득문득 떠오른다. 우울하고 무기력한 기분을 떨쳐내고 싶어 일단 밖으로 나가 걷기 시작하자 신기한 일이 벌어졌다. 침체된 기분이 경쾌한 걸음걸이를 따라 춤을 추기 시작한 것이었다. 그때부터 무조건 하루 2킬로미터 걷기를 실천했다. 2킬로, 3킬로, 4킬로, 나중엔 5킬로까지 거리가 늘어났다. 걷는 행위 자체가 주는 즐거움에 매료된 것이다.

걷는 일에는 특별한 운동 장비도 필요 없다. 그저 자신의 속도대로 다리를 뻗으면 그만이다. 협심증 같은 심장질환이 있는 사람에게도 권유할 수 있을 만큼 안전한 운동이다. 나 역시 무리하지 않고도 조금씩 체력이 올라가기 시작했다. 초반에는 조금만 걸어도 피로했는데 하루 10킬로 정도 땀 흘려 걷는 날이 생겼다. 일할 때도 활력이 생겼다. 무엇보다 진짜 변화는 마음에서 시작되었다. 빠르게 걸으면 혈액 순환이 원활해지고 뇌와 심장에 더 많은 산소와 영양분이 공급된다. 머리가 맑아지고 일정 시간이 지나면 잡념이 사라져 오로지 '걷는다'는 행위에 집중할 수 있다. 지친 뇌를 쉬게 해주는 것이다.

걷기 효과에 대한 확신은 독일 전 외무장관 요쉬카 피셔가 쓴《나는 달린다》라는 에세이집을 읽고 더욱 확실해졌다. 공교롭게도 그 역시 이혼 후 비대해진 몸과 피폐한 정신을 하루 10킬로 달리기를 통해 극복했다고 한다. 걷기를 통해 치유받은 사람은 요쉬카와 나뿐만이 아니다. 2012년 출간 후 아마존을 비롯한 각종 베스트셀러 차트를 석권하며 전 세계 21개국에서 출간된《와일드》는 작가 셰릴 스트레이드가 4,285킬로를 걷고 나서 쓴 작품이다. 20대에 인생 밑바닥까지 떨어진 셰릴은 어느 날 갑자기 험하다고 소문난 퍼시픽 크레스트 트레일을 홀로 걷겠다는 충동에 사로잡힌다. 그리고 9개 산맥과 사막, 황무지, 인디언 부족의 땅을 걷기 시작하는데, 이 과정에서 그녀는 자기 삶의 의미를 깨닫고 다시 살아갈 힘을 얻는다. 걷기의 리듬을 통해 마음을 치유한 것이다.

오늘 당장 걸어야 하는 세 가지 이유

《당신에게 무슨 일이 있었나요》에서 브루스 페리 박사는 음악이나 춤추기, 걷기같이 일정한 리듬을 가진 활동이 트라우마를 겪은 뇌를 치유하는 데 효과가 있다고 말한다. 그러니까 우리는 미처 몰랐지만, 나의 걷기와 요쉬카의 달리기, 셰릴의 트래킹은 우리 마음 깊은 곳의 상처를 달래주는 일이었던 것이다. '상처의 치유'. 이게 오늘 당장 걸어야 할 첫 번째 이유이다.

걷기의 즐거움을 깨달은 나는 활동 영역을 집 앞 강변에서 인근에 있는 숲으로 넓혀 트래킹을 시작했다. 원래 산과 나무를 좋아했기 때문에 숲속 트래킹은 매일 밤 강변을 왔다 갔다 하는 것과는 차원이 다른 매력이 있었다. 아름다운 숲을 한참 걷다 보면 왠지 모르게 숲이 나를 포근히 감싸 안고 토닥여주는 느낌을 받았다. 일종의 명상이었다. 마음이 고요해지는 이 경험이 신기하던 차에 《니체와 함께 산책을》을 읽으며 니체도 나와 비슷한 경험을 했다는 사실을 알았다.

사실 신을 믿는 내게 '신은 죽었다'라는 말로 유명한 니체는 불경스러운(?) 사람이었다. 그가 쓴 《짜라투스트라는 이렇게 말했다》는 읽다가 그만두기도 했다. 하지만 책에서 만난 그는 다소 거칠고 반항적일 거라는 내 편견과 달랐다. 니체는 매일 하루 8시간씩 숲속을 산책

나는 그때 혼자 걸어가면서
하였던 생각들과 존재들 속에서만큼
나 자신이었던 적이 한 번도 없었다.

다비드 르 브르통의 《걷기예찬》 중

하며 지병으로 인한 극심한 고통을 삶에 대한 의지로 승화하고자 노력한 아름다운 인간이었다. 니체는 24세에 스위스 유명 대학인 바젤 대학교 교수가 될 만큼 똑똑했지만, 건강 때문에 약 10년 만에 교수 생활을 그만둔다. 하지만 그는 낙심하지 않는다. 매일 숲을 걸으며 하루에도 몇 번씩 자연과 하나로 녹아드는 기쁨을 느끼고, 명상하며, 내면의 절망과 고통을 이겨낸다. 그리고 자신만의 철학을 탄생시킨다.

아무 말도 하지 않고 숲속을 거닐다 보면 나무 새순의 초록빛과 새들의 지저귀는 소리가 몸과 마음에 천천히 스며들고, 어느 순간 내가 사라지는 것 같은 시간이 찾아온다. 니체만큼 강렬할지는 모르겠지만, 나도 트래킹을 할 때마다 한번씩 선물처럼 다가오는 '투명한 행복'의 순간을 사랑한다. 나를 감싸고 있던 '혼돈' 같은 것이 스스로 정리돼 내면의 힘 같은 것이 생기기도 한다. 이게 바로 오늘부터 걷기 시작해야 할 두 번째 이유다. 걷기는 삶에 맞설 용기 있는 마음을 키워준다.

걸어야 할 마지막 이유는 병의 예방이다. 나는 2킬로를 겨우 걸을 수 있었던 체력에서 5킬로, 10킬로 걷기도 가능하게 되었고, 나중에는 히말라야 안나푸르나 트래킹, 산티아고 순례길, 250킬로 사막 마라톤에도 도전할 수 있는 건강한 몸이 되었다. 《병의 90%는 걷기만 해도 낫는다》의 저자 나가오 가즈히로는 일본에서 오랫동안 의사 생활을 하며 여러 환자를 치료했는데, 혈압·당뇨·고지혈증 같은 생활 습관병부터 치매·암·우울증·류머티스 관절염까지 병의 종류를 막론하고 가장 좋은 치료 약은 '걷기'라는 사실을 깨달았다. 그는 현대인이 앓는 대부분의 병이 걷지 않는 습관에서 시작되며 결국 모든 문제는 식사와 운동에서 뿌리를 찾을 수 있으므로 오늘부터 당장 걷기를 추천한다.

習慣 처방

매일 2킬로미터 걷기

어떤 운동을 해야 할지 잘 모르겠다면 우선 발에 맞는 운동화를 한 켤레 장만해보는 건 어떨까. 수천 년 전 의학의 아버지 히포크라테스도 한 말씀하셨다. "걷기는 가장 훌륭한 약이다." 매일 조금씩 걷다 보면 나도 모르게 전혀 상상하지 못한 건강의 길로 들어설 것이다.

유독 우아해 보이는 사람의
척추 단련 습관

72세의 한 어르신은 벌써 수년째 주기적으로 고혈압 약을 타러 내원하신다. 뵐 때마다 참 우아하고 단아하셔서 나도 저렇게 나이 들고 싶다는 생각이 들 정도다. 이분이 또래 어르신과 비교해 유독 우아해 보이는 이유는 온화한 말씨는 물론 나보다도 더 꼿꼿한 바른 자세와 걸음걸이 때문인 것 같다. 거리에서 중년 여성의 뒷모습을 잘 관찰해보라. 정도의 차이는 있지만 40대 중반부터 걸음걸이가 달라지기 시작하는데, 이는 척추·고관절 건강과 무관하지 않다. 이런 바른 자세는 하루아침에 만들어지지 않는다. 지난 수십 년간의 생활 습관이 차곡차곡 척추에 흔적을 남기고, 중년에 이르면 그 역사가 드러나기 시작한다.

나는 어릴 때부터 키가 커서 유치원 때부터 늘 또래보다 머리 하나 정도가 더 있었다. 초등학교 6학년 때 키가 162센티였으니 당시로서는 꽤 큰 편이어서 맨 뒤에 앉았고 가끔 짝꿍이 없는 적도 있었다. 작고 아담한 아이들이 늘 부러웠다. 그러다 보니 조금이라도 덜 커 보이려 어깨를 움츠리고 다녔다. 이런 사소한 습관은 둥근 어깨(라운드 숄더)를 만들었고, 그렇게 책상에 앉아 있다 보니 거북목이 되었다. 다리를 꼬고 앉는 습관 때문에 척추가 휘는 경도의 척추측만증도 생겼다. 어릴 때는 별문제가 없었지만 인턴 응급실 근무 시절부터 목덜미가 뻐근하고 아프기 시작했다. 다행히 그때부터 자세를 바꾸고 거북목을 C커브로 돌려준다는 베개도 사용하면서 조금씩 회복했다.

전문의를 따고 몇 년이 지나 다시 허리가 아프기 시작했다. 컴퓨터 앞에 계속 앉아 있는 생활이 척추에 무리를 준 것이다.(의사 중에는 허리 통증으로 고생하는 사람들이 꽤 많다.) 미리 알고 예방하면 좋겠지만 이미 일어난 일을 어쩌랴. 앉는 자세를 바꾸고 주기적으로 자리에서 일어나 허리에 좋은 스트레칭을 하기 시작했다. 요통이 있으니 경추와 어깨도 뻐근해 매일 전신 스트레칭도 했다. 통증은 성가신 존재이지만 한편으론 '지금 몸에 작은 불이 났으니 어서 진압해라'라고 신호를 주는 고마운 존재이기도 하다. 통증이 사라질 때까지 꾸준히 노력하자 신기하게 척추의 균형이 회복돼 문제없이 생활할 수 있었다.

하지만 방심해선 안 됐다. 3차 척추 수난기는 내가 마흔이라는 다소 늦은 나이에 출산하면서 시작됐다. 출산해본 사람이라면 누구나

공감하겠지만 분만은 '오직 시작'에 불과하다. 아이가 한 살이 되어 걷기 시작할 때까지 고난의 행군이 시작된다. 친정엄마나 산후 도우미의 도움이 있더라도 수유와 야간 당직은 이미 출산으로 너덜너덜해진 엄마의 몫이다. 척추와 관절에 무리 가는 동작, 그러니까 출산 당시 파견 나간 뼈가 복귀하기도 전에 아이를 안아 수유하고, 기저귀를 갈고, 울면 들어 올려 달래는 이 모든 동작을 '안 되면 되게 하라!'는 특전사 정신에 근거해 소화해야 한다.

사실 100일까진 '나는 엄마다'라는 엄청난 모성으로 아픈 줄도 모르고 있었다. 하지만 슬슬 지병이었던 목과 어깨, 등과 허리를 이어주는 척추 산맥에 통증이 느껴지기 시작했다. 통증은 불이 났다는 신호이니 예전 같았으면 만사를 제쳐두고 스트레칭하고 마사지도 받으면서 통증이 사라질 때까지 기다릴 수 있었겠지만, 아기를 돌봐야 하는 엄마라면 이야기가 달라진다. 특히 출산 휴가 3개월을 마치고 또다시 일터로 복귀했기 때문에 더욱 시간이 없었다.

무너지는 척추를 다시 세우는 유일한 방법

정도의 차이는 있겠지만 거리에 있는 사람 아무나 붙잡고 MRI 검사를 해보면 3분의 1 정도는 디스크를 앓고 있을 것이다.

그만큼 현대인의 척추는 병들어 있다. 우리 생애주기 중 언제 목과 허리 통증을 겪어도 이상하지 않다.

네발로 기어 다니는 동물에게 척추질환은 거의 없다. 사자나 호랑이가 허리가 아파 누워있는 것을 본 적 있는가? 척추 관련 질환은 인간이 직립 보행을 시작하며 발생했다. 아기 때 우리 척추는 지금과 같은 형태가 아니었다. 자라면서 목과 허리는 C, 등은 D 형태로 변해 현재와 같은 S커브가 되었는데, S커브는 두 발로 서서 걷는 인간이 척추에 가장 무리를 주지 않고 생활할 수 있는 모양인 것이다.

문제는 잘못된 자세로 정상적인 커브가 계속 훼손되면서 발생한다. 장시간 스마트폰이나 컴퓨터를 사용한다거나, 앉아서 생활하는 근무 환경, 운동과 거리가 먼 생활 습관, 그밖에 척추에 무리를 주는 자세 등으로 긴 시간에 걸쳐 척추에 변형이 생긴다. 거북목, 일자 목, 굽은 등, 일자 허리같이 척추 모양이 비정상적으로 변하고, 이로 인해 머리부터 흐르듯 뻗어 있는 뇌척수 신경이 눌려 통증과 심한 경우 저림, 마비 증상이 동반되기도 한다.

다음 그림을 차례로 살펴보라. 기차 열차 칸이 연결되듯 위에서부터 꼬리 쪽으로 반듯한 모양의 척추뼈가 차곡차곡 연결돼 있다. 오른쪽에 더 자세히 확대한 그림을 보면 디스크(추간판)가 척추에 가해지는 충격을 흡수하는 완충 역할을 하는 게 보일 것이다. 이중 1개가 탈출하거나 찌그러지면 연쇄적으로 다른 디스크에 변형을 초래할 수 있

정상적인 척추 모양

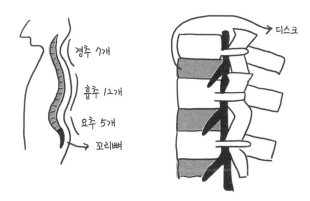

다. 같은 뼈끼리만 영향을 주는 것이 아니라 그것을 지탱하는 주변 근육에도 영향을 미쳐 근육통을 유발하는데 이게 허리가 아프다가 어깨가 아프기도 하고, 목으로까지 통증이 이어지게 한다. 어느 한 곳이 손상되면 마치 도미노가 쓰러지듯 차례대로 시차를 두고 무너지기 시작하는 것이다. 나도 처음에는 목이 아프다가 몇 년 뒤엔 허리로 통증이 이어졌다.

그럼 어떻게 치료해야 할까? 한번 손상된 디스크를 완벽하게 회복하는 방법은 없다. 고통을 완화하고 그 이상의 진행을 막아주는 치료를 해야 한다. 앞서 도미노를 기억한다면 처음 신호가 왔을 때 치료하는 게 얼마나 중요한지 직감적으로 알 수 있을 것이다.

고질적인 통증이 사라진다

나쁜 자세를 피해 바르게 앉고, 서고, 걷는 법을 습관화할 필요가 있다. 사무실에서 늘 앉아 근무하는 경우라면 자세를 바르게 하고 특히 앉아서 컴퓨터나 스마트폰을 보는 자세만 신경 써도 척추에 가해지는 압박을 상당 부분 줄일 수 있다. 특히 요추는 서 있을 때보다 앉아 있을 때 압력을 훨씬 더 많이 받기 때문에 될 수 있는 대로 50분에 한 번씩은 일어나서 스트레칭을 해주는 게 좋다.

배를 안으로 집어넣고 엉덩이 근육을 조이고 일직선 자세로 앉아보자. 조금 어색하지만 하다 보면 익숙해진다. 장시간 앉아 있으면 자세가 다시 구부정해지기 쉬우므로 수시로 주의 깊게 복부의 엉덩이 근육 수축 운동을 한다. 이때 한 번씩 골반 근육을 강화해주는 케겔 운동을 하면 일거양득이다. 가능한 한 등 받침대에 엉덩이 밑 허리 부위를 밀착시키고 의자는 책상과 가깝게 당겨 앉는다.

바르게 앉는 것만큼 바르게 서고 걷는 것 또한 중요하다. 한 자세로 한곳에 오래 서 있다가 경추통이나 요통을 느낀 적이 있을 것이다. 이 경우 자세만 바로 고치면 통증이 사라진다. 머리를 치켜올리며 턱을 집어넣고 가슴을 펴고, 나온 복부를 안으로 집어넣고 엉덩이 근육을 조여 키 큰 자세를 만드는 게 바르게 선 자세다. 걸을 때도 이 자세를

212

유지하고 발뒤꿈치가 먼저 땅에 닿도록 한다.

10킬로가 넘는 아이를 번쩍번쩍 들어야 하는 워킹맘이라면 바르게 들어 올리는 자세도 중요하다. 등과 허리를 굽힌 상태로 물건을 들어 올리면 등을 바로 세우고 들어 올릴 때보다 디스크가 받는 압력이 커진다. 먼저 바로 서서 등을 뒤로 젖히는 동작을 몇 번 하고, 물건을 들어 올릴 때는 허리를 굽히지 않고 무릎을 굽혔다 펴면서 허리가 아닌 다리 힘으로 들어 올려야 한다.

2시간마다 자세 점검하기

생활 중에 척추에 무리를 주는 자세를 취하지 않는지 점검하는 게 급선무다. 아래 항목 중 몇 가지에 해당하는가? 내가 자세에 신경을 쓰기 전에는 이 중 9개나 해당했다.(아픈 데는 다 이유가 있는 법이다.) 지금도 의식하지 않으면 이 자세를 취하곤 하는데, 모두 척추를 병들게 하는 자세다. 무의식중에 나쁜 자세를 취하고 있지 않은지 2시간마다 점검하는 습관을 지니자. 10년 뒤 훨씬 우아하고 반듯한 자세로 생활할 수 있을 것이다.

■ **척추 자세 점검표**

☐ 책상다리를 즐기는 편이다.

☐ 무릎을 꿇는 것이 편하다.

☐ 침대나 의자보다 바닥이 편하다.

☐ 오랫동안 고개 숙여 스마트폰을 본다.

☐ 하이힐, 통굽 구두, 키 높이 신발을 자주 신는다.

☐ 의자나 소파에 비스듬히 누워 TV를 본다.

☐ 다리를 한쪽으로만 꼬고 앉는다.

☐ 엎드려 자거나 엎드린 채 책 읽기를 좋아한다.

☐ 나도 모르게 목을 내민 상태에서 컴퓨터나 책 읽기를 좋아한다.

☐ 허리를 굽혀 무거운 물건을 반복적으로 드는 경우가 많다.

☐ 의자에 걸터앉거나 다리를 뻗고 있을 때가 많다.

총 해당 개수:

노후 대비엔 연금 보험보다 '엉덩이 보험'

"저 바지 너한테 어울릴 것 같은데 한 번 입어봐!"

얼마 전 친구와 함께 바지를 사러 백화점에 갔다. 마음에 드는 청바지를 입어봤는데 거울을 보고 너무 충격을 받았다. 뒤태가 볼품없이 납작하고 펑퍼짐한 데다 엉덩이가 흘러내리듯 처져 있었다. 친구는 내 엉덩이 사정을 잘 모르니 이 옷을 추천한 거다. 20대 때는 엉덩이가 작고 예쁘다는 말도 많이 들었는데 마흔이 넘어가니 엉덩이를 강조하는 옷은 다 피하고 있다. 티셔츠가 아무리 예뻐도 하체를 가려주지 못하면 사놓고도 잘 안 입는 것이다. 하물며 짧은 셔츠는 그림의 떡일 수밖에.

그러고 싶지 않겠지만 엉덩이를 한번 잘 관찰해보자. 혹시 윗부분을 구성하는 대둔근, 중둔근, 소둔근은 다 쇠퇴해 납작해졌고 아랫부분은 물렁물렁한 지방으로 채워져 전체적으로 크고 두루뭉술해 보이는가? 납작 엉덩이는 기능적으로도 불편하다. 허리를 받치는 엉덩이 근육이 약하면 앉을 때 바닥이 더욱 딱딱하게 느껴지고 걸을 때도 안정감이 약하다. 자연스레 근육을 대신할 방석을 찾게 된다.

숨만 쉬어도 근육이 빠져나간다?

한때 크게 인기몰이한 〈스트릿 우먼 파이터〉라는 프로그램을 본 적이 있는가? 여러 댄서가 각자 팀의 명예를 걸고 경연하는 내용인데 나는 거의 몸치에 가까운지라 그들을 보며 대리만족하곤 했다. 특히 이 '걸크러쉬 언니'들은 하나같이 탄력 있는 엉덩이와 허벅지를 가지고 있었다. 아무리 마르고 체격이 왜소해 보여도 엉덩이와 허벅지 근육만큼은 탄탄했다. 잘 발달한 하체 근육이 흔들리지 않고 받쳐줘야 다치지 않고 여러 동작을 소화해낼 수 있기 때문이리라.

엉덩이와 허벅지 모양은 미적·기능적 측면에서만 중요한 게 아니다. 이는 30대 후반 여성 건강의 중요한 지표 중 하나다. 이때부터는 노화가 본격적으로 시작되면서 숨만 쉬어도 근육이 빠지기 때문이다. 또 호르몬과 대사 변화로 골밀도와 근육이 급속도로 감소하는데, 이를 막지 못하면 골감소증·골다공증으로 발전하거나 근육 저하로 인한 체력 감소 및 근골격계질환에 시달릴 수도 있다. 반면 엉덩이와 허벅지 근육을 잘 발달시켜 근육을 저축하면 근육세포가 혈중에 돌아다니는 당을 세포 속으로 끌어당겨 인슐린 저항성을 낮추고 당뇨 같은 대사질환의 유병률을 낮춘다. 허벅지 근육은 골밀도 감소와 잔주름을 예방하는 성장호르몬의 공장인 만큼 생활의 활력을 높이는 데 중요한 역할을 한다.

우리의 과제는 간단하다. 마흔이 되기 전에 부지런히 근력을 저축해야 한다. 일반적으로 성인의 골량은 35세에 최대치에 달하는데, 젊을수록 더 잘 단련된다. 이를 위해 가장 우선으로 주의해야 할 점은 앉아만 있는 생활에서 탈출하는 것이다. 세계 각국의 여러 보건의료 단체는 앉아서 생활하는 시간이 길어질수록 심혈관질환과 당뇨·비만·암 등 여러 질병에 걸릴 확률도 높아진다고 경고한다. 엉덩이 근육의 퇴화 역시 잘 걷지 않고 의자에 의존하는 좋지 않은 생활 습관에 영향을 받는다.

엉덩이 근육을 더 적극적으로 저축하고 싶다면 대둔근·중둔근·소둔근 같은 엉덩이 근육과 허리 코어 근육 운동을 규칙적으로 자주 해주면 된다. 저항력을 키우는 무산소 운동은 근육량과 인대를 강화하고 골밀도를 높여줄 뿐만 아니라 좌우 신체의 균형을 유지하고 근력·근지구력·민첩성·조정력·유연성을 기르는 데 도움을 준다.

어디서든 쉽게 해볼 수 있으면서 엉덩이와 허벅지, 코어 등 우리 몸의 큰 근육을 단련하는 운동으로 스쿼트와 플랭크가 있다. 처음부터 너무 무리하지 말고 조금씩 개수와 시간을 늘려보자. 스쿼트는 하루에 10~20회씩 총 2~3세트 정도를 목표로 세우면 좋다. 나는 하루에 20개 하는 것도 힘들었는데 진료실에서 시간 날 때마다 틈틈이 횟수를 늘려 20회씩 3세트는 무리 없이 할 수 있게 됐다.

점심 식사 후 계단을 오르내리는 것도 근육을 기르는 좋은 방법이다. 녹황색 채소와 칼슘, 비타민D가 풍부한 식생활을 하고 골량을 감소시키는 담배나 탄산음료, 커피, 술, 설탕을 피한다면 더욱 도움이 될 것이다.

노후 대비를 원한다면 연금 보험만큼이나 중요한 것이 근육 보험이다. 보험 가입 시기는 빠르면 빠를수록 이율이 높다는 사실을 기억하자.

습관 처방

매일 스쿼트와 플랭크 하기

코어 운동의 꽃이라고 할 수 있는 이 두 자세를 꾸준히 실천하면 자세 교정에도 도움이 된다. 특별한 장비 없이 언제 어디서든지 마음만 먹으면 할 수 있을 뿐 아니라 아주 짧은 시간만 해도 운동 효과가 좋아 강력 추천한다.

스쿼트 바른 자세

1. 앉을 때 무릎이 발 바깥으로 튀어나오지 않도록 주의한다.

2. 무릎을 몸 바깥쪽으로 밀어주듯 내려간다.

3. 허리를 둥글게 말지 말고 꼿꼿하게 펴자.

4. 무릎과 엉덩이가 일직선 수평이 되도록 한다.

플랭크 바른 자세

포인트: 머리에서 발끝까지 몸을 일자로 만든다! 1분만 해도 운동 효과가 좋아 강력 추천! 30초에서 조금씩 늘려가자!

1. 바닥에 엎드린 상태에서 두 다리를 골반 넓이만큼 벌리거나 또는 모아주는 자세를 취한 뒤, 발가락을 구부려 다리를 바닥에서 들어준다.

2. 팔을 구부려 11자 혹은 삼각형을 만들어 상체를 세워준다. 팔꿈치와 어깨가 일직선이 되게 한다.

3. 옆에서 봤을 때 머리부터 엉덩이까지 몸이 일직선이 되도록 한다. 허리가 너무 내려가거나 엉덩이가 너무 올라가지 않도록 주의한다. 운동을 처음 시작했다면 옆 사람에게 자세가 일직선이 맞는지 물어 확인해보자.

; 체력이 좋아지자
모든 것이 달라졌다

《마녀체력》 저자 이영미 씨는 서른 중반에 고혈압을 진단받고 여러모로 삶의 암울한 시기를 보냈지만 40세부터 운동을 시작해 50세가 넘은 지금은 남자도 하기 힘들다는 철인 3종 경기를 할 만큼 체력을 키웠다. 저자는 체력이 좋아지자 자존감이 높아지고 대인관계, 직장생활 모두 긍정적인 방향으로 변했다며 운동을 적극적으로 권한다. 처음에는 출근 시간 무료함을 달래고자 듣기 시작한 유튜브 클립이었지만 들으면 들을수록 내가 겪은 일과 비슷해 흥미롭게 들었다.

20대 전공의 시절을 어떻게 보냈는지 모를 만큼 나는 저질 체력이었다. 새벽 심전도 콜을 받고 복도를 걸을 때 땅이 휘청거려 내가 쓰러질 뻔한 적이 몇 번이나 있었다. 목에는 늘 누런 가래를 달고 살았고, 30대 중반까지도 근처 앞산에 올라가는 것조차 헉헉거릴 만큼 힘이 없었다.

그런 내 인생에 큰 전환점이 된 사건이 하나 있었다. 바로 택시를 타고 가다 우연히 라디오에서, 사하라 사막을 걸어서 횡단한 청년의 이야기를 들은 것이다. 배낭 하나에 일주일 동안 먹을 식량과 침낭을 넣고 끝없이 펼쳐진 모래사막 250킬로를 걸어서 완주하는 대회가 있다는 이야기를 듣자 무료했던 가슴이 조금씩 두근거리기 시작했다. 운동 무지렁이였던 내게도 사막을 건너고 싶다는 무모한 소망이 생겼다.

막장 저질 체력이었던 나는 1년 뒤 있을 사막 마라톤 완주를 목표로 체력을 단련하기 시작했다. 주위에 나를 잘 알던 사람들은 다들 몸이 상할 거라며 말리느라 바빴다. 하지만 내가 누군가? 느려서 그렇지, 마음먹은 일은 꼭 해내야 직성이 풀리는 근성의 거북이 아니던가.

내가 자랑스러워진다

퇴근 후 집 앞 강변 2킬로를 걷는 일부터 시작해 1년 뒤에는 주변인의 걱정과 의구심을 잠재우고 목표하던 사하라 사막을 완주했다. 약 250명 참가자 중 끝에서 5등 안에 드는 성적이었지만, 대회 중간 포기자가 수십 명 있었다는 사실을 고려할 때 시간 안에 사막을 완주했다는 사실만으로도 스스로가 너무 대견하고 자랑스러웠다. 한낮 뙤약볕 아래 끝없이 펼쳐진 모래 언덕의 웅장함, 어슴푸레 땅거미가 깔릴 무렵 광야의 고요한 적막감과 바람이 주는 위로, 사막 한가운데 모닥불을 피우고 쏟아지는 별을 바라보던 포근함의 기억은 지금도 힘들 때 나를 지탱해주는 인생의 동반자다.

사막 마라톤의 풍경만큼 흥미로웠던 또 다른 경험은 대회 각국 참가자들과의 만남이었다. 이들은 일단 연령대가 아주 다양했다. 60세가 훌쩍 넘었지만, 체력을 단련하기 위해 10년 전부터 매년 참가하는 일본인 사업가 할아버지, 출산 후 찾아온 우울증을 극복하려 참가한 30대 중반 프랑스 직장인, 일등을 목표로 참가해 누가 봐도 사막을 날아다닐 것처럼 보이는 20대 세계적인 마라토너, 자신이 이끄는 비영리단체 홍보를 위해 참가한 40대 아저씨, 나와 함께 끝에서 일이등을 다투던 브라질 의대생, 자신의 한계를 극복하고자 혹독한 훈련을 거쳐 자원봉사자와 함께 참가한 30대 시각장애인까지, 인종과 국적만큼 그들에게는 다양한 동기가 있었다.

하지만 참가자들에겐 단 한 가지 공통점이 있었다. 바로 자신의 한계를 시험하는 혹독한 대회를 준비하며 체력을 기르는 동안 일상의 생각과 생활이 바뀌기 시작했다는 것이다. 매일 매일 체력이 조금씩 나아지면서 부정적이었던 생각이 낙천적으로 바뀌고 자신감도 생겼다. 이런 점 때문에 사막 마라톤을 완주한 사람은 기회가 되면 다시

경기에 도전하고 싶어 한다. 지구상에서 열리는 가장 힘든 대회 중 하나지만 유독 재참가율이 높은 이유다. 참가자들은 매년 대회를 준비하며 더 나은 자신을 발견할 기회를 얻길 바란다.

사막 마라톤처럼 특이한 목표가 아니어도 좋다. 본인의 체력에 맞춰 5킬로 마라톤에 도전하거나 주 1회 동네 등산을 목표로 해도 좋다. 30대 중반부터는 타고난 체력이 급속도로 소진되기 시작한다. 체력을 지키는 것은 우리 삶에 가장 중요한 일일지도 모른다. 에너지가 없으면 인생에서 무엇인가를 시도하는 일 자체가 부담스럽기 때문이다. 체력과 함께 열정도 소멸해가기 때문이다.

습관 처방

나의 체력 그래프 그려보기

오늘부터 1일이다. 체력을 단련할 목표를 세우고 일단 동네 한 바퀴 돌아보는 것은 어떨까? 내 평생 체력 그래프와 당장 1년 동안 내 체력 그래프가 어떤 곡선을 그렸으면 하는지 기록해보는 것도 동기 부여에 도움 될 것이다.

예시: 내 평생 체력 그래프

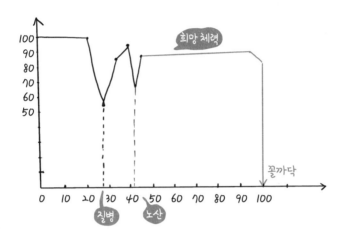

여러분의 평생 체력 그래프

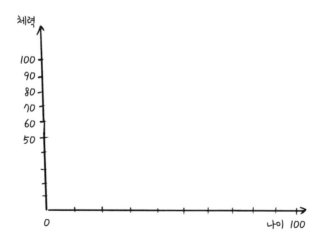

여러분의 1년 체력 그래프

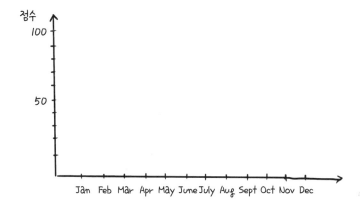

마흔 이후에는
안하느니만못한 운동들

"언니는 아픈 데 없어요? 난 요즘 자면서도 왼쪽 어깨랑 팔이 쑤셔요. 불면증까지 왔어요."

"언제부터? 지난달에 만날 때까지만 해도 괜찮았잖아?"

"요즘 체력이 부쩍 떨어져서 아이를 남편한테 맡기고 퇴근 후에 개인 PT를 시작했거든요? 한동안 체력도 올라가고 덜 피곤하길래 조금 무리해서 운동했더니 그게 실수였어요. 통증이 더 심해질까 봐 요즘은 쉬면서 치료 다니고 있어요. 나이 들어서는 운동도 함부로 하면 안 되나 봐요. 너무 서글퍼요……."

이제 막 40대가 된 후배는 피부과에서 근무한다. 레이저 치료를 하다 보면 자연스레 오른쪽 어깨와 팔을 자주 쓸 수밖에 없는데, 몇 년간 축적된 관절 피로가 운동하면서 더 악화된 것 같았다.

내 환자 중에서도 후배와 같은 사례는 심심찮게 만난다. 체력이 떨어져도 통증은 없었는데 운동을 무리하게 시작했다가 통증으로 고생하는 사례 말이다. 최근에도 주기적으로 병원을 찾아오던 40대 중반 환자가 오랫동안 보이지 않아 궁금하던 차에 우연히 소식을 들었다. 평소 미리 운동하지 않으면 나이 들어 고생한다는 주변의 성화에 등산을 시작했는데, 그만 지병이었던 허리디스크가 파열돼 꼼짝도 못하고 집에 누워 있다는 이야기였다.

나에게 맞지 않는 운동은 오히려 독이 된다

빠르면 30대 후반부터 아침에 일어날 때 곡소리가 날 수 있다. 자고 일어났는데도 몸이 개운하지 않고 찌뿌둥하고 전날 조금이라도 무리한 운동을 하면 이곳저곳이 쑤시고 아프다. 이전과 달리 유연성이 줄어 관절의 가동성이 줄어들고 근력이 떨어진 것인데, 젊을 때는 온갖 이상한 동작을 해도 허리가 멀쩡했는데 마흔 이후엔 조금만 부주의하게 비틀어도 다음날 드러눕게 된다.

마흔 이후 운동을 시작했을 때 가장 중요한 키워드는 기존에 있는 병을 악화시키지 않고 부상 없이 유연성과 근력을 기르는 것이다. 유연성과 근력 두 가지 중 더 중요한 것을 고르라면 유연성에 방점이 찍

한다. 젊은 시절 체력을 생각하고 준비 없이 마라톤과 백두대간 백패킹을 떠났다간 연골 퇴화와 골관절염만 가속화돼 후회할 수도 있다. 이미 골반이 틀어지고 디스크가 있는데 어디선가 심장에 좋다는 말을 듣고 골프나 테니스를 치면 디스크 문제만 더 심각해진다는 말이다. 떨어진 유연성을 생각하지 않고 필라테스나 요가의 무리한 동작을 무턱대고 따라하다가 근육이나 인대 조직에 무리를 줘서 통증으로 내원하는 분도 계신다.

그럼에도 마흔 이후에 반드시 운동해야 하는 이유는 차고 넘친다. 젊을 때 쌓아둔 골밀도와 근력이 이 시기부터 급속도로 쇠퇴해 근력 운동으로 보충하지 않으면 골절과 부상 위험이 점점 커지기 때문이다. 인슐린, 갑상선호르몬, 성장호르몬, 스트레스호르몬 등의 불균형을 맞추고, 쌓이는 복부의 지방과 나잇살을 해결하는 데 운동은 필수다. 무엇보다 대상포진 같은 바이러스나 세균 감염으로부터 내 몸을 지키는 면역력도 운동으로 기를 수 있다.

마흔 이후 운동을 계획할 때는 자신의 상태를 파악하고 가능한 목표를 설정하는 일이 무엇보다 중요하다. 유연성 회복, 근력 향상, 인슐린 저항성 개선이라는 세 가지 목표에 부합하되 내게 맞는 운동 방식을 찾아 계획적으로 접근해야 한다. 재활의학과 의사이자《마흔부터 시작하는 백세운동》의 저자 나영무 박사는 연령대와 자신이 가진 질병의 유무에 따라 해야 할 운동과 하지 말아야 할 운동이 따로 있다고 말한다. 특히 40대가 되면 여러 척추관절 관련 질환이 생길 수 있는데, 허리디스크·오십견·무릎 관절염 등의 병을 진단받은 상태에서 운동을 하면 좋아지리라 막연히 기대해 계획 없이 운동하면 오히려 병을 악화시킨다는 것이다.

병에 따라 반드시 피해야 할 운동은 다음과 같다. 어깨 통증은 주로 회전근의 손상이나 염증에 의한 경우가 많다. 심하면 오십견으로 이어지니 대수롭지 않게 생각하고 어깨에 무리가 가는 운동을 계속해선 안 된다. 또 허리디스크가 있다면 허리를 숙이는 동작과 앉은 자세로 하는 동작은 피해야 한다. 골프, 등산, 자전거, 축구, 야구, 스쿼시, 달리기 역시 허리에 무리를 줄 수 있으니 주의하자. 이와 유사하게 척추 신경이 지나가는 공간이 좁아져 통증이 생기는 척추관협착증을 진단받았다면 골프와 야구, 오래 걷기 등은 피하고 등산, 수영, 물속에서 걷기, 자전거 타기 등을 권한다.

또 마흔 이후에는 관절의 퇴행성 변화가 시작돼 무릎관절염이 생기기 쉬운데 등산을 즐기면 관절에 압력이 커지고 뼈끼리 부딪쳐 무릎에 엄청난 스트레스를 줄 수 있다. 같은 맥락에서 자전거를 타는 운동보다 관절에 체중이 실리지 않는 물속 걷기, 요가, 맨손체조 같은 운동을 추천한다. 마지막으로 숨을 억지로 참거나 갑자기 힘을 쓰는 운동은 심장에 부담을 줄 수 있어 고혈압이나 협심증 같은 심혈관질환자는 특히 조심해야 한다. 혈압이 오르지 않는 범위에서 운동하는 것이 원칙이므로 걷기, 가벼운 조깅, 체조 등 어렵지 않은 유산소 운동을 추천한다.

지구력 중심으로 단련하기

도쿄 신주쿠 메디컬센터의 재활치료사이자 베스트셀러 《나는 당신이 오래오래 걸었으면 좋겠습니다》의 저자 다나카 나오키는 몸을 움직이지 않으면 근육이 점점 움츠러들어 근력이 약해진다고 경고한다. 평소 자주 사용하는 근육은 노화도 느리게 진행된다며 중년 이후에는 앉고, 서고, 걷는 동작과 관련된 지근(지구력을 담당하는 근육)을 중심으로 단련하라고 조언한다.

특히 전신 근육 중 두 번째로 큰 대둔근, 굽은 등을 펴주는 대흉근, 발목을 탄탄하게 하고 다리를 붓지 않게 하는 넙치근, 똥배를 넣어주는 복직근, 올바른 자세의 중심이 되는 척주기립근, 어깨 결림의 주된 원인이 되는 승모근과 견갑하근 등을 매일 운동해주면 근육의 쇠퇴를 막고 중년 이후 무너지는 자세와 허리디스크, 오십견, 무릎관절염 등을 방지하는 데 효과를 볼 수 있다.

나 역시 책상에 앉아 생활하고 특별히 운동하지 않으면 걷는 시간이 극히 제한된 좌식형 사람이다 보니 근육 쇠퇴와 통증을 피해갈 수 없었다. 하지만 의식적으로 매일 시간을 내 15분 정도 근육 강화 운동을 한 후부터 통증이 씻은 듯 사라졌다. 내가 좋다고 느끼니 당연히 나와 비슷한 고민을 하는 환자분에게는 운동을 가르쳐드리고 매일 실천하도록 안내해드린다. 혹시 운동은 시작해야 하는데 다칠까 봐 두려운 분이라면 오늘부터 조금씩 따라해보길 추천한다.

대흉근 강화 운동

대흉근을 의식한다.

1. 선 자세로 가슴 앞에 두 손을 모으고 합장한다.

2. 몸에 힘을 뺀 후 자세를 7초 정도 유지한다.

3. 5회 반복한다.

가슴, 등 강화 운동

날개뼈를 힘껏!

1. 양 팔을 만세하듯 위로 쭉 뻗는다.

2. 양 팔을 아래로 내리며 날개뼈를 힘껏 모은다.

3. 같은 동작을 7회 실시한다.

대둔근 강화 운동

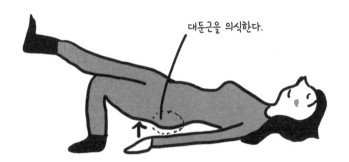

대둔근을 의식한다.

1. 위를 향해 똑바로 눕는다.

2. 한 발은 바닥에 붙이고, 다른 발은 무릎을 펴서 똑바로 올린다.

3. 엉덩이를 들어 올리고 5초 정도 유지한 후 제자리로 돌아간다.

4. 발을 바꿔 각 5회씩 실시한다.

척추기립근 강화 운동

척추기립근을 의식한다.

1. 엎드려서 팔을 앞으로 뻗는다.

2. 배꼽에서 골반까지 얇은 방석을 깔고 팔로 천천히 상체를 세운다.

3. 이 동작을 3회 반복한다.

복부, 허리 강화 운동

균형이 흔들리지 않도록 몸통에 힘!

1. 바닥에 양 무릎과 양 손을 대고 기어가는 자세를 취한다.

2. 팔다리가 바닥과 수직을 이루도록 하고 발끝은 바닥에 세운다.

3. 바닥과 수평을 이루도록 왼팔과 오른쪽 다리를 들어 올린다.

4. 균형이 흔들리지 않도록 몸통에 힘을 주고 시선은 손끝을 향한다.

5. 6초간 유지한 후 팔다리를 천천히 내려 시작 자세로 돌아간다.

6. 좌우 번갈아 10회씩 실시한다.

넙치근 강화 운동

장딴지 아래에
의식을 집중한다.

1. 바르게 선 자세로 벽에 양 손을 붙인다.

2. 3초간 크게 발돋움한 다음 뒤꿈치를 내려놓는다.

3. 이 동작을 5회 반복한다.

부록

지금
인생을
리부트하자

3주 채소찜 해독
다이어트 비법

체력 싸움을 시작하기 전 **준비할 것들**

채소찜 해독 다이어트란 무엇인가요?

과체중, 만성알레르기, 만성소화불량, 대사성질환, 성인 여드름, 지루피부염 등 여러 문제로 식생활을 개선하고 싶은데 막상 생활 속에서 실천하자니 막막해하는 환자가 많다. 어떻게 몸속에 쌓인 독소를 제거하고 호르몬 불균형을 정상화해 건강과 활력을 되찾을 수 있을까?

여기서 제안할 '채소찜 해독 다이어트'는 발터 롱고 박사의 《단식 모방 다이어트》에 착안했다. 비교적 따라 하기 쉬우면서도 그동안의 당·밀가루·육류 중심 식습관을 채소·섬유질 중심 식습관으로 바꿔 산성화된 몸을 알칼리화하고, 장내 세균총을 건강하게 가꾸는 게 이 다이어트의 주된 목적이다. 맑고 깨끗한 피부, 체중 감소, 인슐린 저항성 개선은 '덤'으로 받을 수 있는 선물이다.

많은 환자가 처음에는 좋아하는 음식을 모두 끊어야 하니 자신 없어 하다가도 1주, 2주 단계적으로 강도를 높이고 새로운 식습관에 적응해가는 동안 변하는 몸과 마음에 깜짝 놀란다. 그리고 약속한 3주가 끝나고 나서도 이 다이어트법을 계속 실천한다. 이 책을 읽는 여러분에게도 도움이 되길 바란다.

해독시스템을 정상화하자

기능의학 관점에서 신진대사를 정상화하고 살찌는 몸에서 살 빠지는 몸으로 변하기 위해 가장 중요한 첫 단추는 독소 제거다. 독소는 조직을 자극하고 건강한 세포를 손상해 만성염증과 알레르기를 일으키는 주요 원인이다. 건강한 생활 습관을 지녔다면 우리 몸에 정상적인 해독시스템이 작용해 독소가 쌓일 걱정이 없다. 하지만 잘못된 식습관, 운동 부족, 앉아 있는 생활 습관, 만성스트레스, 불안 등에 혹사당하는 현대인의 몸은 의식적 노력 없이는 독소의 공격을 이기기 어렵다.

일정 기간 단식원에 들어가 해독할 수 있는 여유가 있다면 좋겠지만 대부분은 거의 불가능하다. 나만 해도 병원 일 하랴 아이 돌보랴 단식원에 들어갈 엄두도 내지 못한다. 대신 식사를 하면서도 단식 효과를 얻을 수 있는 발터 롱고 박사의 '단식 모방 다이어트' 방법은 나 같이 크게 공복감을 느끼지 않고 생활을 지속하면서 독소를 배출하고 자 하는 사람에게 유용하다.

단기간에 좀 더 효율적으로 해독작용이 일어나게 하려 알레한드로 융거 박사가《클린》에서 제안한 해독의 기본 원리도 적용하고자 했다. 융거 박사는 우리 몸 구석구석에 쌓인 독소를 제거하기 위해서는 적어 도 4시간이 필요하고, 우리 몸이 마지막 식사를 한 후 평균 8시간 소 화 시간이 필요한 것을 고려해 최소 12시간 공복 유지를 강조한다. 또 어떤 음식을 먹느냐에 따라 소화에 필요한 시간이 차이가 날 수 있 으므로 3주간 아침과 저녁은 해독에 필요한 영양소를 공급해주는 채 소와 과일 주스를 마시는 식의 프로그램을 제안한다. 하지만 공복감 을 참지 못하는 나 같은 사람에게 융거 박사의 프로그램은 한 번도 넘 어보지 못한 산이었다.(솔직히 이 책을 처음 읽은 10년 전부터 실천해보고 싶었지만 부끄럽게도 한 번도 실천하지 못했다.)

대신 고안한 게 이 부록에서 제안하는 채소찜이다. 융거 박사는 금 식과 더불어 간이 독소를 잘 해독하도록 여러 효소와 항산화물질 등 을 공급하는 게 중요하다고 강조하는데, 채소찜 다이어트 식단은 해 독에 필요한 영양소와 섬유질을 풍부하게 공급한다. 소화 기능이 좋 다면 효소가 풍부한 생채소도 곁들여보자. 해독에 더욱 도움이 될 것 이다.

건강 상태를 점검하는 세 가지 방법

당뇨나 암, 전신 쇠약, 부신피로증후군 등 칼로리를 줄여야 하는 상황을 견디기 힘든 상태에서는 반드시 의사와 상담하에 다이어트를 진행해야 한다. 일단 스스로 건강 상태를 체크해보자.

첫째, 아침 공복 상태로 몸무게·허리둘레·목둘레·BMI를 측정한다

체질량지수를 뜻하는 BMI는 키와 몸무게로 계산하는 간편한 비만도 측정 방법이다. 정상 범위는 $18.5 \sim 22.9 \, kg/m^2$ 사이이다. 네이버 체질량지수 계산기를 통해 간단하게 측정할 수 있으니 한번 살펴보자.

허리둘레와 목둘레는 대사증후군 여부를 살펴볼 수 있는 하나의 지표가 되기도 한다. 대사증후군은 고지혈증·고혈압·당뇨 등 인슐린 저항성에 뿌리를 두고 발생하는 각종 성인병을 의미하는데 40세 이상이 되면 특히 조심해야 한다. 대사증후군은 내장지방과 관련성이 커 허리둘레가 진단 기준에 들어갈 정도이다. 여자의 경우 허리둘레 85센티 이상이 되면 경고등이 켜진다. 최근에는 목둘레도 허리둘레 못지않게 대사증후군 발생 위험을 예측할 지표가 될 수 있다는 연구 결과가 나왔다. 여성의 경우 33센티 이상이면 대사증후군 위험이 두 배 이상 높다고 하니 목둘레도 확인하는 것이 좋겠다.

몸무게 :

허리둘레 :

목둘레 :

체질량지수 :

둘째, 혈압·공복혈당·콜레스테롤 수치를 기록하고, 평소 지병이나 복용 중인 약을 점검한다

40세 이상 여성이라면 검진 결과를 들을 때 긴장하지 않을 수가 없다. 이 시기부터 심혈관계질환에 노출될 위험이 올라가기 때문이다. 따라서 평소 최소한 자신의 혈압, 공복혈당, HDL(좋은 콜레스테롤), LDL(나쁜 콜레스테롤), 총 콜레스테롤 수치를 잘 기록하고 검진 때마다 변화를 관찰하는 게 중요하다. 또한 갑상선질환, 지방간 등 진단받은 병이나 복용 약도 함께 기록하자. 복용 중인 한약이나 영양제가 있다면 이 역시 기록하는 것이 좋다.

혈압:

공복혈당:

콜레스테롤:

가지고 있는 병:

복용 중인 약:

셋째, 건강 습관 설문지를 통해 현재 내가 건강한 생활을 하고 있는지 확인하자

세계 5대 장수촌이 어디인지 아는가? 코스타리카 니코야 반도, 그리스 아카리아 섬, 이탈리아 사르디나 섬, 일본 오키나와 섬, 미국 캘리포니아 로마린다 지역, 이 다섯 곳이다. 댄 뷰트너 박사는 그의 책 《블루존》에서 100세까지 팔팔하게 살아가는 사람들의 공통점을 연구했는데, 여기서 블루존이란 '지구촌에서 가장 오래, 건강하게 사는 사람들이 거주하는 지역'을 의미한다. 뷰트너 박사는 그가 발견한 아홉까지 건강 습관 '파워 나인'을 바탕으로 건강 습관을 획기적으로 변화시킬 블루존 프로젝트를 고안해 많은 사람을 행복하고 건강한 삶으로 이끌었다. 내가 소개할 다음 설문 역시 상당 부분 파워 나인에 기반을 두고 있는데, 40대 여성의 건강 특성을 반영해 몇 가지 항목을 추가하고 새롭게 설문지를 구성했다. ①에 해당할 경우 1점, ④에 해당할 경우 4점으로 계산하면 된다.

1. 매주 30분 이상 걷는 횟수

①	없다	②	1회	③	2회	④	3회 이상

2. 매주 15분 이상 근육 운동 하는 횟수

①	없다	②	1회	③	2회	④	3회 이상

3. 매일 바른 자세를 위해 자세를 바로 하는 횟수

①	없다	②	5회 이하	③	6~10회	④	11회 이상

4. 하루 권장 칼로리 기준 식사량

①	정량의 20% 이상	②	정량의 50% 미만	③	정량	④	정량의 80% 정도

5. 하루 채소 섭취 횟수

①	없다	②	1회	③	2회 이상

6. 하루 과일 섭취 횟수

①	없다	②	3회 이상	③	1~2회

7. 하루 현미밥을 먹는 횟수

①	없다	②	1회	③	2~3회

8. 매일 유산균과 효소 복용 여부

①	먹지 않음	②	효소만	③	유산균만	④	유산균과 효소 모두

9. 저녁 식사 후 공복 시간

①	9시간	②	10시간	③	11시간	④	12시간 이상

10. 유기농 식자재 선호도

①	신경 안 씀	②	관심은 있으나 비유기농 제품을 주로 쓴다	③	70% 이상 유기농 사용	④	유기농만 쓰려고 노력한다

11. 나만의 텃밭 농작 여부

①	아니다	②	텃밭은 있지만 주로 관상용 식물을 기른다	③	텃밭에서 나는 신선한 식자재를 즐겨 사용한다

12. 적절한 체중과 허리둘레 유지 여부
   (BMI 계산법과 남녀 허리둘레 지표 참고)

①	아니다	②	허리둘레만 정상	③	체중만 정상	④	허리둘레와 체중 모두 정상

13. 매주 삶의 목적을 생각하는 횟수

①	없다	②	1회	③	2회	④	3회 이상

14. 한 달 기준 주기적으로 조건 없는 친절을 베푸는 횟수(자원봉사 포함)

①	없다	②	1회	③	2회	④	3회 이상

15. 하루 명상하는 횟수

①	없다	②	1회	③	2회	④	3회 이상

16. 하루 감사하는 횟수

①	없다	②	1회	③	2회	④	3회 이상

17. 하루 웃는 횟수

①	없다	②	1회	③	2회	④	3회 이상

18. 내가 생각하는 나의 성격

①	아주 비관적	②	조금 비관적	③	긍정적	④	아주 긍정적

19. 문학과 예술에 대한 나의 관심도

①	없다	②	약간 관심 있다	③	관심이 많아 자주 즐기려 한다	④	문학과 예술을 하고 있다

20. 매일 잠드는 시간

①	오전 1시 이후	②	밤 12시	③	밤 11시	④	밤 10시

21. 나의 바이오리듬

①	교대 근무 등으로 밤낮이 바뀐 생활	②	불규칙적이다	③	규칙적인 올빼미	④	규칙적인 종달새

22. 나의 수면 패턴

①	불면증이 있다	②	자다가 여러 번 깬다	③	약간 예민하지만 잘 자는 편	④	업어 가도 모를 정도로 푹 잔다

23. 마음의 안정을 느낄 수 있는 대상의 수

①	없다	②	1명	③	2명	④	3명 이상

24. 매주 자연을 가까이하는 횟수

①	없다	②	1회	③	2회	④	3회 이상

25. 주기적으로 새로운 것을 배우는 습관의 여부

①	없다	②	자주는 아니지만 가끔 배운다	③	시간을 내어 자주 새로운 것에 도전한다

26. 몰입할 대상의 여부

①	없다	②	있다

27. 내 삶의 주인에 대한 생각

①	타인의 시선을 많이 의식한다	②	조금 의식하는 편이다	③	내 삶의 주인은 나다. 시선을 거의 의식하지 않는다

28. 중독된 것이 있는가?(술·담배·설탕·탄수화물·카페인·소셜미디어 등)

①	3개 이상 (−30점)	②	2 (−20점)	③	1 (−10점)	④	0

나의 건강 습관 총 점수:

테스트 결과

100~88점	건강 습관 우수
87~70점	건강 습관 양호
69~40점	습관 불량
39~25점	습관 적신호

자신의 현재 상태를 잘 점검해보았는가? 그렇다면 다이어트를 시작하기 전에 내가 궁극적으로 원하는 게 무엇인지 생각해보자. 중도에 다이어트를 포기하지 않고 그 이후에도 습관을 유지하는 데 매우 큰 힘이 될 수 있다. 건강 회복, 활력 있는 엄마 되기, 체력 올리기, 갱년기 증상 완화, 만성질환 관리, 알레르기 증상 완화 등 목적은 다양할 수 있다. 내 환자들 역시 목적의식이 분명할수록 성공 확률이 올라갔다.

나의 다이어트 목적은?

해독을 돕는 부엌으로 탈바꿈하기

'건강한 부엌에서 건강이 싹 튼다'라는 속담을 들어본 적이 있는가? 내가 방금 지어낸 말이라 아마 없을 테지만, 이 말은 당연하면서도 중요한 사실을 담고 있다.

물론 바쁜 일상 속에서 일일이 식단을 짜고 끼니마다 해독에 좋은 음식을 먹는 것은 아이를 돌보느라 매 순간이 정신없는 엄마에겐 꿈같은 일이다. 배고플 때 뭐라도 입에 넣을 수만 있으면 다행일 때가 많다. 하지만 일주일에 한 번 시간 날 때 해독 친화적인 식자재로 주방과 냉장고를 채워보자. 이 작은 행동이 다이어트 성공 여부를 가른다. 건강한 주방을 위해서 아래 사항을 읽고 실천해보자.

건강이 싹 트는 부엌 만들기

- 혈당을 급격하게 올릴 수 있는 빵·떡·면 같은 음식은 치우도록 하자.
- 인스턴트식품이나 스낵류의 음식도 치우자.
- 설탕과 과당, 인공감미료가 든 음식을 버리자. 천연 주스와 소다, 스포츠 음료, 다이어트 콜라도 마찬가지다.
- 옥수수와 콩기름같이 고도로 정제된 요리용 기름과 트랜스지방·마가린· 쇼트닝이 들어간 음식도 버리자. 쿠키와 빵, 치킨, 튀긴 음식도 그렇다.
- 천연착향료, MSG 등 자극적으로 감칠맛을 내는 조미료도 치우자.
- 코팅이 벗겨진 프라이팬, 값싼 플라스틱 제품 등 환경호르몬이 검출될 만한 주방 도구가 있다면 교체하길 권한다. 나무나 유리, 스테인리스 제품이 비교적 환경호르몬에 더 안전하다.
- 전자레인지와 인덕션, 에어프라이어 사용을 최소화하자.
- 채소, 견과류, 현미, 잡곡, 생선, 육류, 과일 등 일주일 동안 먹을 해독 친화적 식자재를 준비해보자. 유기농 식품으로 구매하면 더욱 좋다. 구입이 어렵다면 가진 식자재를 깨끗이 씻어 잔류 독소를 제거하자.
- 채소 도시락통을 준비해보자. 일주일간 먹을 채소를 미리 소분하고 냉장고에 넣어둘 여러 개의 도시락을 준비하자. 나는 하루 3개, 총 21개 도시락통을 준비한다. 도시락통에 숫자를 적어 두는 것도 동기부여에 도움이 된다.

체력을 다지기 위해 **꼭 지켜야 할 루틴**

매일 다이어트 일지 쓰고
지인에게 인증하기

매일 다이어트 일지를 쓰고 인스타그램에 올리거나 지인에게 인증하는 일이 의외로 다이어트를 지속시키는 동기부여가 된다. 내가 작성한 다이어트 일지를 참고해 나만의 다이어리를 완성해보자.

채소찜 해독 다이어트 다이어리

날짜: 2022년 ○○월 ○○일, 해독 1주차 1일

다이어트 목적: 체중 6kg 감량, 체력 개선, 맑은 피부

아침: 현미밥, 5색 채소찜(올리브유+소금), 샐러드, 고추 장아찌

점심: 현미밥, 닭볶음탕, 채소

간식: 견과류 1봉지, 사과 1알

저녁: 현미밥 반 그릇, 5색 채소찜, 김치

운동: 걷기 1시간, 업무 중 스쿼트 20회

명상: 새벽에 힐링코드 6분

수면: 7시간(22시 30분~5시 30분)

배변: 시원

영양제: 유산균, 루테인, 오메가3, 비타민C

물: 새벽 2컵(700㎖), 업무 중 틈틈이 2컵(700㎖), 퇴근 후 1컵(350㎖)

기분: 감사한 마음

성공적인 다이어트를 위해
꼭 지켜야 할 규칙 7가지

첫째, 부엌에서 제거한 음식은 가능한 한 먹지 않기(단, 한번 먹었다고 좌절하지는 말자.)

현대인이 즐겨 먹는 음식은 산성을 띤 경우가 많다. 닭고기, 돼지고기, 소고기, 생선, 탄산음료 등이 그렇다. 중년 여성에게 산성화된 혈액은 골감소증이나 골다공증을 악화시킬 수 있어 채소와 해조류, 잘 익은 과일 등 알칼리성 식품 섭취를 늘려 체내 pH농도의 균형을 잡는 게 중요하다. 더불어 나쁜 탄수화물과 나쁜 단백질, 나쁜 지방을 피해야 하는 것은 물론이다.

나쁜 탄수화물: 설탕, 과당, 빵, 떡, 면, 백미 등 GI지수를 급격히 올리는 빈 열량 음식

나쁜 단백질: 몸을 산성화하고 해독을 방해하는 지방이 많은 육류

나쁜 지방: 트랜스지방, 포화지방, 오메가6가 다량 함유된 오일

이런 음식을 조합해 만든 배달 음식, 인스턴트식품, 빵, 튀김, 쿠키, 스낵 등을 다이어트 기간에는 피하도록 노력해보자.

둘째, 균형 잡힌 영양소와 건강한 음식 재료 사용하기

건강한 밥상은 죽어가는 세포를 살리고 체내 독소를 제거하는 데도 탁월한 도움을 준다.

좋은 탄수화물: 현미, 콩, 각종 통곡물 등 복합탄수화물과 섬유질이 풍부한 각종 채소

좋은 단백질: 달걀, 건강하게 길러진 육류, 두부·낫또 등 각종 콩으로 만든 식품(단 콩 제품을 먹었을 때 소화가 잘되지 않는다면 장 건강을 회복한 뒤에 섭취하도록 하자.)

좋은 지방: 올리브유, 들기름, 오메가3가 풍부한 견과류

셋째, 매끼 채소 한입에 밥 한 입 전략

일주일에 한 번 채소 도시락을 만들어 냉장고에 넣고 매끼 1개씩 꺼내서 먹는 것어보길 권한다. 채소를 먹는 방법은 생채소, 채소찜, 채

소 수프 등 취향에 따라 창의력을 발휘해도 좋을 것이다.

넷째, 해독에 필요한 최소의 시간 '12시간'

저녁 식사 시간은 인슐린 저항성이 높고 살찌기 쉬운 상태. 다이어트가 목적이라면 되도록 저녁 식사를 6시 이전에, 적게 먹는 것을 추천한다. 공복감을 이겨낼 수 있다면 채소찜만 먹는 것도 좋다. 무엇보다 저녁을 먹고 아침을 먹기까지 최소 12시간 공복을 유지해야 한다. 해독을 위한 최소한의 시간이다. 아침 식사 시간은 밤사이 해독이 계속되는 시간이다. 따라서 아침 식사는 되도록 소화 시간이 짧고 위장에 부담을 주지 않는 음식, 또 칼로리·섬유소·비타민·효소·항산화 물질 등을 공급해 간 해독을 도와줄 수 있는 메뉴가 좋다. 당뇨가 없다면 과일식도 추천할 만하다.

다섯째, 점심은 하루 중 유일하게 마음껏 먹을 수 있는 시간

물론 해독을 위해 금지된 음식은 피하고 채소와 양질의 단백질, 복합탄수화물 중심으로 식단을 구성하는 게 바람직하다. 특히 단백질은 체내에 돌아다니는 독소를 유인해 독소가 다시 조직에 달리 붙는 일을 방지할 수 있어 점심 식사로 양질의 단백질을 공급하는 것은 매우 중요하다. 《단식 모방 다이어트》에서는 동물 단백질보다 식물 단백질, 특히 견과류에서 단백질 25그램을 섭취하길 권하지만 건강하게 길러진 육류라면 동물 단백질이어도 좋다는 게 내 생각이다. 건강한 육류에는 몸에서 합성되지 않아 반드시 음식으로 섭취해야 하는 필수 단백질이 풍부하다.

여섯째, 내게 부족한 영양소가 무엇인지 알고 보충하기

건강한 재료로 골고루 식사하면 영양소를 풍부하게 섭취할 수 있지만 중년 건강에 중요한 몇 가지 영양소는 따로 챙겨 먹는 게 좋다. 유산균, 오메가3, 눈 영양제, 비타민D가 그렇다. 평소 음식으로 챙겨 먹는 데 한계가 있고 부족해지기 쉬워 믿을 수 있는 제품으로 구매해 보충하길 추천한다.

일곱째, 프로그램 시행에 유동적인 자세를 가지기

일주일 중 하루 정도는 해독에 크게 영향을 끼치지 않는 선에서 치팅데이를 두고 메뉴에 변화를 줘도 좋다. 피하기 어려운 저녁 회식이 있었다면 다음 날 아침 금식을 해서 독소 제거 작업에 힘을 실어줄 수도 있다. 사실 채소쫌 해독 다이어트는 3주만 진행할 게 아니라 생활 습관으로 정착하면 더 유익하기 때문에 하루 성공과 하루 실패 여부에 너무 연연할 필요는 없다. 단 엄격하게 지킬수록 더 큰 변화를 얻을 수 있다는 사실에는 변함이 없다.

채소찜 해독 다이어트 방법

채소찜 다이어트에는 특별한 요리법이 없다. 바쁜 일상 중에 꾸준히 실천하기 위해서는 요리법이 간소하면 간소할수록 좋다. 앞서 소개한 먹지 말아야 할 음식을 피하고, 끼니마다 5색 채소찜이나 채소 쌈, 또는 샐러드를 곁들여 해독에 필요한 영양소와 섬유소를 풍부하게 공급하는 게 핵심이다.

5색 채소찜은 특별히 정해진 채소가 없다. 다만 다양한 색깔을 가진 채소를 골고루 먹어 각각의 채소가 가진 항산화 물질과 피토케미컬의 이점을 극대화하길 제안한다. 나는 자색 양배추, 미니 호박, 무, 애호박, 시금치 등 그때그때 구할 수 있는 채소를 찜기에 찌고 올리브유, 소금, 후추 등으로 간을 해 끼니마다 챙겨 먹는다. 채소찜은 채소를 이용해 다양한 요리를 해먹을 수 없는 바쁜 사람들에게 맛도 있고

간편하지만, 채소가 주는 많은 영양소를 골고루 섭취하게 할 뿐 아니라 포만감도 있어 체중 감량에 많은 도움이 된다. 드레싱은 디톡스에 도움을 주는 올리브유, 소금, 후추, 발사믹, 레몬즙을 추천한다. 기호에 따라 바질이나 마늘을 넣어도 좋다. 처음엔 조금 생소할 수 있으나 익숙해지면 담백한 맛이 일품이다.

첫째 주: 적응기

매 끼니 채소와 복합탄수화물과 친해지기 위해 노력하자. 점심에는 양질의 단백질을 챙겨 먹고 견과류를 통해 건강한 지방과 단백질 보충하는 데 적응해보자. 밀가루, 설탕, 기름에 길들여진 입맛을 하루아침에 원재료의 맛을 느낄 수 있는 입맛으로 변화시키긴 힘들다. 채소와 현미 같은 복합탄수화물이 생소한 사람은 적응기를 한 달 정도로 길게 잡아도 된다. 목표는 식습관의 변화다.

아침 식사(300kcal): 5색 채소찜, 복합탄수화물(1/2공기 미만) 중심 식사

점심 식사(600kcal): 5색 채소찜, 복합탄수화물(약 1공기), 단백질 중심 식사

간식(200kcal): 과일 1개. 견과류 1봉지

저녁 식사(300kcal): 5색 채소찜, 복합탄수화물(1/2공기 미만) 중심 식사

둘째 주: 해독기

해독기가 적응기와 다른 점은 저녁 식사 때 채소찜만 먹어 몸이 독소 배출에 좀 더 집중하도록 도와준다는 것이다. 적응기를 충실히 실천했다면 해독기도 어렵지 않게 보낼 수 있다.

아침 식사(300kcal): 5색 채소찜, 복합탄수화물(1/2공기 미만) 중심 식사

점심 식사(600kcal): 5색 채소찜, 복합탄수화물(약 1공기), 단백질 중심 식사

간식(200kcal): 과일 1개. 견과류 1봉지

저녁 식사(200kcal): 5색 채소찜

셋째 주: 단식 모방기

칼로리의 대부분을 채소와 단백질에서 얻어 단식 모방 효과를 얻는 시기다. 배가 고프다면 견과류를 두 봉지까지 늘려도 괜찮다. 핵심은 탄수화물의 양을 최소화하고 단백질·지방·섬유소 등으로 배를 채워 우리 뇌가 단식 중이라고 착각하게 하는 것이다.

아침 식사(200kcal): 5색 채소찜

점심 식사(400kcal): 5색 채소찜, 복합탄수화물(1/2공기), 단백질 중심 식사

간식(100kcal): 견과류 1봉지

저녁 식사(200kcal): 5색 채소찜

2023년 1월 1일 채소찜 해독 다이어트 1주차

	일요일	월요일	화요일	수요일
아침	5색 채소찜, 현미밥 1/2 공기, 견과류 쌈장	5색 채소찜, 현미밥 1/3 공기, 계란 프라이	5색 채소찜, 낫또 비빔밥	5색 채소찜, 현미밥 1/2 공기, 두부 쌈장
점심	5색 채소찜, 현미밥 1공기, 닭볶음탕	현미밥 1공기, 연어스테이크, 구운 채소	5색 채소찜, 우엉 현미밥 1공기, 들기름 두부부침	5색 채소찜, 현미밥 1공기, 버섯소고기전골
저녁	5색 채소찜, 낫또 비빔밥	5색 채소찜, 현미밥 1/2 공기, 두부 쌈장	쌈 채소, 현미밥 1/2 공기, 견과류 쌈장	쌈 채소, 낫또 비빔밥
간식	견과류 1봉지, 사과 1개	견과류 1봉지, 사과 1개	견과류 1봉지, 사과 1개	견과류 1봉지, 사과 1개
물	새벽 2컵(700㎖), 낮 2컵, 저녁 1컵 total : 1.7l	새벽 2컵(700㎖), 낮 2컵, 저녁 1컵 total : 1.7l	새벽 2컵(700㎖), 낮 2컵, 저녁 1컵 total : 1.7l	새벽 2컵(700㎖), 낮 2컵, 저녁 1컵 total : 1.7l
영양소	오메가3, 유산균, 눈 영양제, vit D 2000 IU	오메가3, 유산균, 눈 영양제, vit D 2000 IU	오메가3, 유산균, 눈 영양제, vit D 2000 IU	오메가3, 유산균, 눈 영양제, vit D 2000 IU
notice				

목요일	금요일	토요일	쇼핑 목록
5색 채소찜, 현미밥 1/3 공기, 계란 프라이	콩나물무 현미밥 1/2 공기	5색 채소찜, 현미밥 1/2 공기	**채소류:** 무, 미니 호박, 당근, 자색 양배추, 애호박, 연근, 마늘, 양파, 우엉, 기타 제철 쌈 채소
현미밥 1공기, 고등어구이, 구운 채소	5색 채소찜, 현미밥 1공기, 오리주물럭	곤드레 현미밥, 연근 조기구이	
5색 채소찜, 현미밥 1/2 공기, 소고기 쌈장	5색 채소찜, 현미밥 1/2 공기, 두부 쌈장	쌈 채소, 현미밥 1/2 공기, 견과류 쌈장	**잡곡:** 발아현미, 콩
견과류 1봉지, 사과 1개	견과류 1봉지, 사과 1개	견과류 1봉지, 사과 1개	**과일:** 사과
새벽 2컵(700㎖), 낮 2컵, 저녁 1컵 total : 1.7l	새벽 2컵(700㎖), 낮 2컵, 저녁 1컵 total : 1.7l	새벽 2컵(700㎖), 낮 2컵, 저녁 1컵 total : 1.7l	**육류 및 어류:** 소고기, 닭고기, 고등어, 조기, 연어
오메가3, 유산균, 눈 영양제, vit D 2000 IU	오메가3, 유산균, 눈 영양제, vit D 2000 IU	오메가3, 유산균, 눈 영양제, vit D 2000 IU	**기타:** 견과류, 두부, 낫또

나답게 멋지게 살고 싶다면
오늘이 '1일'입니다

나이가 들어 숨이 끊어질 시기가 올 때 CPR(응급 심폐소생술)을 받을 것인지 의사들에게 물어본다면 아마 90퍼센트 이상이 "아니오"라고 답할 것이다. 물론 전국의 모든 의사에게 직접 설문조사한 것은 아니지만, 적어도 내가 아는 의사는 모두 그렇게 답했다. 나도 마찬가지다. 죽음의 순간에 타인에게 꺼져가는 심장을 맡기기보다는 좀 더 조용하게, 존엄성을 지키며 세상을 떠나고 싶다.

죽음뿐만이 아니다. 의업을 하고 있지만 나는 가능한 한 병원과 의사를 멀리하며 살아가길 꿈꾼다.(다만 건강검진은 예외다.) 이런 생각에 가장 큰 영향을 준 책을 한 권 꼽자면 헬렌 니어링의 에세이《아름다운 삶, 사랑 그리고 마무리》이다.

1904년 미국에서 태어난 헬렌은 남편 스콧 니어링을 만나 버몬트

숲에 터를 잡고 농장을 일구며 자연과 함께하는 조화로운 삶의 철학을 설파한다. 스콧은 '충만하고 보람 있는 삶을 누리는 4가지 조건'을 이야기하는데 이는, '건강한 몸과 마음을 바탕으로 한 생존력' '현명한 선택을 할 수 있는 지혜' '자유와 자율성' '자연의 아름다움을 체험하며 사는 삶'이었다. 그의 철학 때문이었는지 스콧은 90대 중반까지도 약과 의사를 멀리했지만 그럼에도 육체와 정신, 그리고 영혼의 힘을 지니고 있었다. 헬렌은 그의 타고난 체질, 환경, 식사법, 습관, 감정, 삶의 방식이 마지막까지 그의 건강을 지켜주었다고 말한다.

현대의학은 헬렌과 스콧이 살던 시대와 비교할 수 없을 정도로 눈부시게 발전했다. 무엇보다 건강검진을 통해 병을 조기에 발견하고 치료할 수 있게 된 것은 가히 혁명적이다. 갈수록 심해지는 환경오염과 스트레스 속에서 나도 모르게 생긴 병을 미리 발견하고 치료할 수 있다니, 얼마나 좋은가. 병이 커질 대로 커져 의사의 결정과 치료에 전적으로 의존할 수밖에 없었던 옛날과 다르다.

다만 문제는 우리가 약, 의사, 병원에 지나치게 의존하고 있다는 데 있다. 조금만 불편하면 스스로 개선하려 노력하기보다 약부터 먹고, 그것도 안 되면 곧장 병원을 찾아 처방을 원한다. 하지만 현대의학은 개개인의 건강에 대해 우리가 기대하는 만큼 애정을 품고 있진 않다. 우리가 아플수록 병원과 의사, 제약회사는 더 많은 돈을 벌 수 있다. 불편하지만 그것이 진실이다.

헬렌과 스콧이 죽기 전까지 건강 주권을 갖기 위해 실천한 삶의 방식이 우리에게도 큰 도움이 되리라 말해주고 싶다. 대단한 제안을 하는 게 아니다. MZ세대 사이에서는 요즘 리추얼Ritual이 대세다. 아침에 정성껏 커피를 내려 마시거나 10분 쯤을 내어 요가를 하는 등 삶에 활력을 불어넣는 소소한 루틴을 말한다. 무의식적인 행동과는 차이가 있다. 리추얼은 의도적인 행위이며 이를 반복하다 보면 하나의 루틴이 되고, 루틴이 축적되면 일상에 활력을 불어넣는 규칙적인 습관, 즉 리추얼 라이프Ritual Life가 된다. 리추얼 라이프는 코로나 블루처럼 삶에서 오는 불안, 무력감을 극복하고자 시작된 트렌드지만 생활 속에서 손쉽게 실천하는 작은 습관으로 삶에 긍정적인 변화를 주고 자기 자신을 주도적으로 성장시키고자 하는 노력이란 점에서 굉장히 주목할 만하다.

스콧이 추구한 '충만하고 보람 있는 삶'은 언제나 우리가 바라온 삶의 이상향이다. 이상은 결코 쉽게 이뤄지지 않는다. 하지만 자신만의 리추얼을 개발하고 소소하지만 확실하게 실천하다 보면 나도 모르는 사이 도달할 수 있는 곳이기도 하다. 이 책에서 제시한 습관 처방 중 마음에 와닿는 것이 있다면 리추얼로 만들어보는 것이 어떨까. 작은 리추얼이 하나둘 쌓이면 '나다운 삶'을 만들어가는 데 든든한 버팀목이 되어줄 것이다.

나답게 주도적으로 살길 원하는가? 그렇다면 오늘이 1일이다!

참고문헌

1장

네드라 글로버 타와브 지음, 신혜연 옮김, 《나는 내가 먼저입니다》, 매일경제신문사, 2021.

론다 번 지음, 김우열 옮김, 《시크릿》, 살림Biz, 2007.

브레네 브라운 지음, 서현정 옮김, 《나는 불완전한 나를 사랑한다》, 가나출판사, 2019.

브레네 브라운 지음, 서현정 옮김, 《수치심 권하는 사회》, 가나출판사, 2019.

알렉산더 로이드·벤 존슨 지음, 이문영 옮김, 《힐링코드》, 시공사, 2013.

양창순 지음, 《나는 까칠하게 살기로 결심했다》, 다산북스, 2022.

엘리자베스 블랙번·엘리사 에펠 지음, 이한음 옮김, 《늙지 않는 비밀》, 알에이치코리아, 2018.

조지 베일런트 지음, 이덕남 옮김, 《행복의 조건》, 프런티어, 2010.

2장

마크 하이만·캐시 스위프트 지음, 진용희·윤혜영 옮김, 《신진대사 비만 OUT》, 한언출판사, 2014.

하워드 뮤래드 지음, 이충호 옮김, 《물 마시지 마라》, 웅진뜰, 2011.

대한피부과학회교과서편찬위원회 지음, 《피부과학》, 여문각, 2008.

Mark Hyman(2021), The Pegan Diet, Little Brown Spark.

Toru IZUMI et al.(2007). Oral Intake of Soy Isoflavone Aglycone Improves the Aged Skin of Adult Women, Journal of nutritional science and vitaminology 53(1), 57-62.

3장

마이클 로이젠·마이클 크러페인·테드 스파이커 지음, 《내 몸은 언제 먹는가로 결정된다》, 세종, 2021.

마이클 로이젠·메멧 오즈 지음, 유태우 옮김, 《내몸 젊게 만들기》, 김영사, 2009.

박태균 지음, 《환경 호르몬, 어떻게 해결할까》, 동아엠앤비, 2021.

발터 롱고 지음, 신유희 옮김, 《단식 모방 다이어트》, 지식너머, 2019.

알레한드로 융거 지음, 조진경 옮김, 《클린》, 쌤앤파커스, 2010.

오쿠무라 코우 지음, 김숙이 옮김, 《장을 클린하라》, 스토리유, 2011.

윌리엄 리 지음, 신동숙 옮김, 《먹어서 병을 이기는 법》, 흐름출판, 2020.

제이슨 펑·지미 무어 지음, 이문영 옮김, 《독소를 비우는 몸》, 라이팅하우스, 2018.

하세가와 요시야 지음, 이진원 옮김, 《뇌노화를 멈추려면 35세부터 치아 관리 습관을 바꿔라》,
갈매나무, 2019.

4장

구로즈미 사오리·사다 세쓰코 지음, 이선정 옮김, 《친절한 여성 호르몬 교과서》, 북라이프,
2017.

김혜연·이희창 지음, 《이명이 사라지는 순간》, 라온북, 2021.

마크 하이만 지음, 이남진 옮김, 《혈당 솔루션》, 한언출판사, 2014.

크리스티안 노스럽 지음, 이상춘 옮김, 《폐경기 여성의 몸 여성의 지혜》, 한문화, 2002.

KRD Nihombashi 메디컬 팀 지음, 황혜숙 옮김, 《몸은 얼굴부터 늙는다》, 갈매나무, 2020.

5장

나가오 가즈히로 지음, 이선정 옮김, 《병의 90%는 걷기만 해도 낫는다》, 북라이프, 2016.

나영무 지음, 《마흔부터 시작하는 백세운동》, 비타북스, 2019.

다나카 나오키 지음, 송소정 옮김, 《나는 당신이 오래오래 걸었으면 좋겠습니다》, 포레스트
북스, 2018.

다비드 르 브르통, 《걷기예찬》, 현대문학, 2002.

문재호 지음, 《건강은 자세가 만든다》, 넥스컴 미디어, 2009.

브루스 D.페리·오르라 윈프리 지음, 정지인 옮김, 《당신에게 무슨 일이 있었나요》, 부키,
2022.

셰릴 스트레이드 지음, 우진하 옮김, 《와일드》, 나무의철학, 2012.

요쉬카 피셔 지음, 선주성 옮김, 《나는 달린다》, 궁리출판, 2002.

정선근 지음, 《백년운동》, 언탱글링, 2019.

에필로그

헬런 니어링 지음, 이석태 옮김, 《아름다운 삶, 사랑 그리고 마무리》, 보리, 1997.

어쩌다 마흔, 이제부턴 체력 싸움이다!

초판 1쇄 발행   2022년 12월 15일

지은이 • 서정아

펴낸이 • 박선경
기획/편집 • 이유나, 강민형, 오정빈, 지혜빈
마케팅 • 박언경, 황예린
디자인 제작 • 디자인원(031-941-0991)

펴낸곳 • 도서출판 갈매나무
출판등록 • 2006년 7월 27일 제395-2006-000092호
주소 • 경기도 고양시 일산동구 호수로 358-39 (백석동, 동문타워 I) 808호
전화 • 031)967-5596
팩스 • 031)967-5597
블로그 • blog.naver.com/kevinmanse
이메일 • kevinmanse@naver.com
페이스북 • www.facebook.com/galmaenamu

ISBN 979-11-91842-40-1/03320
값 16,000원